cycle long

À plus ! 4

Carnet d'activités

Französisch für Gymnasien

Cornelsen

À plus! 4 cycle long
Carnet d'activités

im Auftrag des Verlages erarbeitet von
Catherine Jorißen

und der Redaktion Fremdsprachen in der Schule
Marie-France Lavielle unter Mitwirkung von Julia Goltz

Bildbeschaffung: Gabriela Alonso, Sabrina Battaglini

Gesamtgestaltung: Regelindis Westphal
Illustrationen: Laurent Lalo
Technische Umsetzung: Satzinform, Berlin

Achte auf diese Zeichen:
○ leichtere Übung
● anspruchsvollere Übung
Wenn du bei einer ● Übung Schwierigkeiten hast, mache zuerst die ○ Übung. Anschließend kannst du die ● Übung sicherlich problemlos bearbeiten.

Bildquellen: akg images: © Sotheby's, S. 38 (oben); © akg images / Archives, S. 31; © akg-images – VG Bild-Kunst, Bonn 2014, S. 65 (unten) – © Anne-Laure Bondeaux, l'école des loisirs, «La vie comme elle vient», S. 76 (Mitte) – Avenue Images / Index Stock: © Thompson, S. 66 (3) – © Bildagentur Online, S. 59 (rechts) – © Christophe Lambert, Les Éditions Mango, «La loi du plus beau», S. 76 (links) – Corbis: © Beebe, S. 66 (1); © Bianchetti, S. 37; © Dagli Orti, S. 38 (Mitte); © Freeman, S. 44; © Wheeler, S. 66 (4); Corbis/Jai: © Hellier, S. 65 (Mitte); © Corbis/Royalty-Free, S. 8 (rechts), S. 35 (rechts), S. 53 (rechts), S. 54 (rechts), S. 67 (rechts); Corbis/Sygma: © Robert, S. 70; Corbis/zefa: © Fuste Raga, S. 64 – © Cornelsen, Charlet, S. 58 (2. v. unten links), S. 66 (6); Lavielle, S. 54 (unten rechts), S. 55 (unten); Schulz, S. 4, S. 29 (links), S. 59 (links); Cornelsen/IPS, S. 17, S. 45, S. 73, S. 74 – Das Fotoarchiv: © Wheeler, S. 63 – © F1 Online, S. 67 (Mitte rechts) – © Florence Seyvos, Éditions Gallimard, «Comme au cinéma», S. 77 (oben) – France Télécom: © Pierre-François Grosjean, S. 6 (rechts) – Getty images: © Bongarts, S. 6 (2. v. links) – © Guido Schiefer, S. 72, S. 82 (oben) – © Jeanne Benamour, Éditions Thierry Magnier, «Une heure, une vie», S. 76 (rechts) – © Je Bouquine, Bayard Jeunesse, 2005, Illustration de Manu Boisteau, S. 9 – Laif/Gamma: © Marchi, S. 57; laif/REA: © Craig, S. 6 (links); © Fabrer, S. 66 (2), S. 66 (5); © Perri, S. 82 (unten) – mauritius images / AGE: © Cardoso, S. 6 (2. v. rechts); © Paras, S. 59 (Mitte); © mauritius images / Pixland, S. 8 (links), S. 35 (links), S. 53 (links), S. 54 (links), S. 67 (links) – © mediacolors/dia, S. 58 (unten Mitte) – © Office de Tourisme – Provence, S. 54 (oben rechts); Office de Tourisme – Provence: © Grands, S. 54 (oben links); © N&F Michel, S. 54 (unten links) – © Okapi, Bayard Jeunesse, S. 10 – © Okapia, S. 69 (rechts) – phototek.net: © Grabowski, S. 21, S. 35 (unten), S. 50, S. 67 (unten) – Picture-alliance © Lander, S. 6 (Mitte) – © plainpicture / Endless image, S. 58 (oben Mitte) – Sipa Press: © Jaubert, S. 12 (rechts) – © Staatliches Marokkanisches Fremdenverkehrsbüro, S. 58 (oben rechts), S. 58 (unten rechts), S. 58 (unten links), S. 71 (unten rechts), S. 71 (unten links) – © Tito, Éditions Castermann, «Photos volées», S. 77 (Mitte) – transit-Archiv: © Silke Roetting, S. 79 – ullstein: © Fischer, S. 71 (oben); © Moenkebild, S. 69 (links); Poklekowsk, S. 75 – © vario images / Big Cheese, S. 12 (links).

Umschlagfotos: © Cornelsen, Schulz (oben), © www.web-provence.com (unten)

www.cornelsen.de

1. Auflage, 8. Druck 2014

Alle Drucke dieser Ausgabe sind inhaltlich unverändert und können im Unterricht nebeneinander verwendet werden.

Druck: Parzeller print & media GmbH & Co. KG, Fulda

Schülerheft:
ISBN 978-3-464-22053-5

Lehrerfassung:
ISBN 978-3-464-22052-8

PEFC
PEFC/04-31-1308

PEFC zertifiziert
Dieses Produkt stammt aus nachhaltig bewirtschafteten Wäldern und kontrollierten Quellen.
www.pefc.de

Bonjour, tout le monde!

Qu'est-ce qu'on dit?

1 **a** *Tu es en France, à Paris-Plage où tu rencontres de jeunes Français. Réponds à leurs questions.*

Die Jugendlichen wollen wissen, …

1. … woher du kommst.

Je viens d'allemand

2. … welche Sprachen du sprichst.

Je parle allemande et anglais.

3. … wie alt du bist und in welche Klasse du gehst.

J'ai 14 ans et

4. … ob du schon mal in Paris-Plage warst.

Non je n'ais été jamais ici

5. … für welche Sportart du dich interessierst.

Je m'interesse à l'escalade

6. … ob du ein Musikinstrument spielst und welches.

Je joue du piano et du harmonica

b *À toi. Pose trois ou quatre questions à un/e de ces jeunes. Écris-les dans ton cahier.*

Conjugaison

2 **a** *Qu'est-ce qu'ils font? Écris les phrases au présent de l'indicatif.*
(→ Les verbes, p. 102)

1. Il déçoit ses parents
2. Ils comprennent le calcul
3. Elle réfléchit
4. Elle ouvre la porte
5. Ils applaudissent
6. Il récèvoit une lettre
7. Il vendrait des ananas
8. Il lui offre un cadeau
9. Il apprend
10. Ils attendent le bus

1. décevoir

2. comprendre

3. réfléchir

4. ouvrir

5. applaudir

6. recevoir

7. vendre

8. offrir

9. apprendre

10. attendre

b *Mets les formes de* **a** *au passé composé et au futur simple. Note-les dans ton cahier.*

c *Quels verbes ont la même conjugaison? Note-les à l'infinitif dans ton cahier.*

Les temps du passé

3 **a** *Lis ce passage du journal de Tim.*

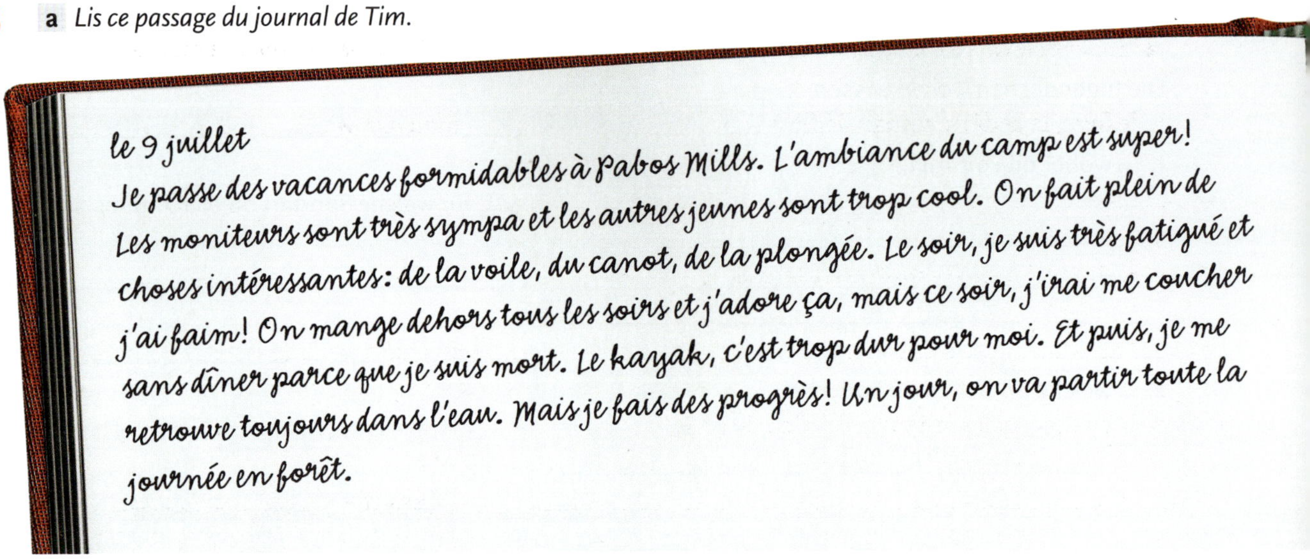

le 9 juillet
Je passe des vacances formidables à Pabos Mills. L'ambiance du camp est super!
Les moniteurs sont très sympa et les autres jeunes sont trop cool. On fait plein de
choses intéressantes: de la voile, du canot, de la plongée. Le soir, je suis très fatigué et
j'ai faim! On mange dehors tous les soirs et j'adore ça, mais ce soir, j'irai me coucher
sans dîner parce que je suis mort. Le kayak, c'est trop dur pour moi. Et puis, je me
retrouve toujours dans l'eau. Mais je fais des progrès! Un jour, on va partir toute la
journée en forêt.

b *Qu'est-ce que Tim a raconté à ses camarades le jour de la rentrée? Utilise le passé composé et l'imparfait.*

J'ai passé des vacances formidables à Pabos Mills. L'ambiance ______

______

______

______

______

______

______

______

______

______

Civilisation

4 *Teste tes connaissances. Coche la bonne réponse.*

1. Le fleuve qui traverse Nantes, c'est
   - ☐ la Seine.
   - ☐ la Saône.
   - ☐ la Loire.

2. Un petit rat, c'est quelqu'un qui
   - ☐ chante.
   - ☐ danse.
   - ☐ joue du piano.

3. À douze ans, on est
- ☐ au L.P.
- ☐ au lycée.
- ☐ au collège.

4. Le fondateur de la ville de Québec, c'est
- ☐ Samuel de Champlain.
- ☐ Jacques Cartier.
- ☐ Guy Laliberté.

5. La Géode, c'est
- ☐ un cinéma.
- ☐ un musée.
- ☐ un cimetière.

6. Le Mont Royal est
- ☐ en Belgique.
- ☐ en France.
- ☐ au Québec.

Vocabulaire

5 **a** *Souligne les intrus. Justifie tes réponses.*

1. le livre, la bédé, le roman, le film

____

2. la dinde, l'œuf, les huîtres, la bûche

____

3. la chaîne, le documentaire, le jeu, la série

____

4. le ticket, le tuyau, la ligne, la station

____

5. le concours, le brevet, la matière, le baccalauréat

____

b *Trouve le contraire de ces mots.*

mauvais ≠ ______________________

froid ≠ ______________________

loin ≠ ______________________

méchant ≠ ______________________

vite ≠ ______________________

devant ≠ ______________________

rater ≠ ______________________

rire ≠ ______________________

utile ≠ ______________________

jeune ≠ ______________________

Écrire/Créativité

6 *Imagine une petite histoire d'après ce dessin. Écris-la dans ton cahier.*

Voici quelques mots qui pourront te servir:

le distributeur	der Automat
retirer de l'argent	Geld abheben
siffler	pfeifen

DOSSIER 1 *Les autres et moi*

Approches

DELF **1** *Vrai ou faux? Corrige les erreurs dans ton cahier.* (→ Texte, p. 8–9)

	vrai	*faux*
1. Antonin adore le foot, les jeux vidéo et le rap.	☒	☐
2. Il joue au foot avec les élèves de sixième.	☐	☒
3. Les parents de Maria sont italiens.	☐	☒
4. Maria joue aux échecs et elle joue de la trompette.	☐	☒
5. Elle ne se bouge pas trop parce qu'elle sait qu'elle ne peut pas changer le monde.	☐	☒
6. Hélène est sportive et elle s'intéresse à la chanson.	☒	☒
7. «Nouvelle star» est son émission préférée et son lecteur mp3 son objet préféré.	☐	☒
8. Inès a trouvé deux passions: la chanson et l'escalade urbaine.	☐	☒
9. Elle est tutrice.	☐	☒
10. Paul joue d'un instrument.	☒	☐
11. Il pense que chacun est responsable de sa vie.	☒	☐
12. Il pense que tout le monde vit bien en Europe.	☒	☐

2 *Choisis une de ces personnes, imagine sa vie et ses idées. Puis, présente-la.* (→ Livre, p. 8–9)

1 **a** *Un monde d'objets cultes? Complète le résumé de l'article.* (→ Texte, p. 10–11)

Dans cet article, l'auteur parle ____________________

Avec leur lecteur mp3, les jeunes ____________________

Avec leur portable, ils ____________________

Avec leur ordinateur, ____________________

Enfin, les vêtements ____________________

b *Relève, dans le texte, les phrases qui montrent que les jeunes sont dépendants de ces objets et note-les dans ton cahier.*

2 **a** *Alexandre a demandé conseil à ses copains. Complète les phrases. Utilise le conditionnel.* (→ Repères, p. 24/2)

Qu'est-ce que vous feriez à ma place?

b *À toi. Donne-lui encore deux conseils.*

____

____

____

3 ● *Lis le message de Sara et réponds-lui. Donne-lui des conseils. Utilise* devoir, pouvoir, À ta place, je ___ *et le conditionnel.* (→ Repères, p. 24/2, 3)

> Je suis nouvelle dans ma ville et je ne connais personne. Je me sens seule.
> Que faire? Aidez-moi!
>
> Sara

DELF 4

Fais l'exercice auditif, p. 82.

5 *Écris les réponses à la forme négative. Utilise* personne ne, rien ne *ou* ne ... aucun(e)/rien. (→ Repères, p. 25/6, 7)

1. Est-ce que quelqu'un t'a vu?
2. Est-ce que les voisins t'ont parlé quand tu es arrivé?
3. Est-ce que tu as eu des problèmes à trouver la maison de Bébert?
4. Est-ce qu'il t'a posé beaucoup de questions?
5. Est-ce que tu as reçu des SMS?
6. Est-ce que quelqu'un t'a appelé sur ton portable?
7. Est-ce que quelqu'un sait qu'on connaît Dédé?
8. Est-ce que quelque chose pourrait m'intéresser chez ces gens?
9. Qu'est-ce que tu as raconté à Bébert?

Je n'ais ~~pas~~ personne vu.
~~Ne~~ personne ne m'a parlé
Non je n'ai eu aucune problème
Je n'a pas posé des questions
Je n'ai reçu aucun SMS

6 **a** *Quels verbes vont avec quels noms? Retrouve les paires et écris les expressions avec le bon article ou/et la bonne préposition dans ton cahier.*

calcul | régler | jouer | avoir | télécharger | faire | surfer | conflit | taper | musique | touche | ordinateur | échecs | passion

b *Forme sept phrases avec chaque paire de mots de* **a** *. Écris-les dans ton cahier.*

La France en direct: Pourriez-vous vivre sans Internet?

DELF **7** **a** *Des jeunes ont répondu à cette question d'un magazine. Lis ces réponses, puis coche les phrases correctes. Tu peux chercher les mots que tu ne comprends pas dans un dictionnaire bilingue.*

J'ai eu un bug avec mon ordinateur. Résultat: quatre mois sans Internet. Dans ces cas-là, on est un peu hors du coup. Tous mes copains communiquent par MSN, le soir. Sara, 14 ans

Ce n'est pas parce que je n'y vais pas pendant deux semaines que j'en suis morte pour autant. Mais si je peux y aller, je ne me prive pas. @ Yogirl

Ce n'est pas trop Internet qui me manquerait mais MSN! J'y suis en moyenne 1 h 30 par jour, c'est mon seul moyen de rester en contact avec les copains pendant les vacances. Alors, m'en passer... @ Lisou

Je n'ai pas Internet et je vis. Je ne suis pas non plus une extraterrestre! Julie, 15 ans

Avec Internet, la vie est bien plus simple, mais on pourrait s'en passer comme quand il n'existait pas. @ Hugniette

Vous êtes dingues ou quoi? Je me demande déjà comment j'ai pu vivre sans pendant 14 ans! @ Lullaby

Je peux faire des recherches pour le collège et en plus, je peux chatter avec des amies qui habitent loin et que je ne peux pas voir. M'enlever Internet, c'est me priver d'une grande partie de moi. @ Vanillakiss

D'après: Je bouquine n° 261

1. ☐ Sara et Lisou aiment communiquer par MSN.
2. ☐ Pour Yogirl, Internet n'est pas important.
3. ☐ Pour Julie, ne pas avoir Internet n'est pas un problème.
4. ☐ Vanillakiss et Lisou ne pourraient pas facilement se passer d'Internet.
5. ☐ Julie et Hugniette pourraient vivre sans Internet.
6. ☐ Pour Lullaby qui a vécu pendant 14 ans sans Internet, c'est facile de faire sans.

b *Et toi, pourrais-tu vivre sans Internet? Justifie ta réponse.*

____

____

____

____

8 *Fais le test et note tes résultats dans ton cahier. Tu peux chercher les mots que tu ne comprends pas dans un dictionnaire bilingue.*

Es-tu accro à la consommation?

**Tu consommes un peu, beaucoup, passionnément ...
Fais ce test pour le savoir.**

1 Une belle vitrine sur ton chemin ...
- **A** *Cela ne t'intéresse pas.*
- **B** *Tu regardes les articles de la vitrine en détail.*
- **C** *Tu entres dans le magasin.*

2 Tu viens de recevoir ton argent de poche ...
- **A** *Tu oublies tes euros sur la table.*
- **B** *Tu gardes une partie de ton argent.*
- **C** *Enfin, tu vas pouvoir faire des courses.*

3 Quand tu achètes un jean ...
- **A** *Tu hésites tellement que tu n'achètes rien.*
- **B** *Tu réfléchis bien avant de te décider.*
- **C** *Tu achètes sans réfléchir.*

4 Ta dernière folie ...
- **A** *Tu ne sais plus, tu as déjà oublié.*
- **B** *Une affiche originale.*
- **C** *Disons plutôt tes dernières folies: 3 CD, 2 cinés, 2 pulls.*

5 L'achat que tu regrettes vraiment ...
- **A** *Un objet inutile et moche.*
- **B** *Aucun.*
- **C** *Tu ne veux même pas en parler.*

6 En moyenne, tu fais les boutiques ...
- **A** *Une fois par mois.*
- **B** *Un samedi sur deux.*
- **C** *Une fois par semaine.*

7 Ton/Ta meilleur/e ami/e est au top de la mode et tu ne peux pas suivre ...
- **A** *Et alors! Ce n'est pas ton problème.*
- **B** *Tu fais ce que tu peux pour être à la mode.*
- **C** *Tu es un peu malheureux/-euse.*

8 Dans ta chambre, il y a ...
- **A** *des murs blancs très zen.*
- **B** *trois posters et des livres.*
- **C** *des tas d'objets, de gadgets et de fringues.*

Les résultats:

Tu as un maximum de **A**:
La consommation, ce n'est pas ton truc. Passer des samedis à faire les boutiques, non merci. Aller dans un supermarché? Quelle horreur! Non vraiment, tu n'aimes pas trop acheter.

Tu as un maximum de **B**:
Tu peux passer des semaines sans rien dépenser et c'est OK. Ce que tu aimes: Chercher, comparer pour enfin trouver ce qui te plaît vraiment. Et tu te débrouilles toujours pour pouvoir t'offrir ce que tu aimes.

Tu as un maximum de **C**:
Tu as besoin d'acheter, tu ne peux pas t'en passer. Tu aimes dépenser ton argent pour un peu tout et n'importe quoi. Le problème: tu n'as pas trop le moral quand ton porte-monnaie est vide.

D'après Okapi, 15 septembre 2005

DELF **1** **a** *C'est vrai ou faux? Note* v *ou* f *dans les cases correspondantes.* (→ Texte, p. 15)

1. ☐ Clémentine trouve que ses parents se font trop de soucis.
2. ☐ Elle voudrait qu'ils s'occupent plus d'elle.
3. ☐ Henri pense que tout le monde devrait passer quelque temps dans une autre famille.
4. ☐ Il trouve que ce serait plus marrant pour tout le monde.
5. ☐ Guillaume trouve qu'on devrait aller un temps à l'étranger.
6. ☐ Yasmina voudrait que ses camarades de classe l'acceptent comme elle est.
7. ☐ Clémentine dit que tout le monde devrait avoir de bonnes notes à l'école.
8. ☐ Guillaume pense qu'un monde sans défaut serait ennuyeux.
9. ☐ Henri trouve que les gens n'ont pas appris à se respecter.
10. ☐ Pour lui, on n'oppose pas assez les gens et leurs différences.

b *Justifie tes réponses et corrige les phrases fausses dans ton cahier.*

2 ○ *Complète les phrases par l'imparfait et le conditionnel présent.* (→ Repères, p. 25/5)

1. Qu'est-ce que vous ferez _____ si vous gagneriez _____ au loto? (faire / gagner)
2. Si vous ferez _____ un grand voyage, où est-ce que vous alliez _____? (faire / aller)
3. Nous passerions _____ plus de temps avec nos enfants si nous avions _____ le temps. (passer / avoir)
4. S'il P _____ le faire, il _____ un beau voyage à sa copine. (pouvoir / offrir)
5. Si tu le _____, on _____ vivre à l'étranger. (vouloir / pouvoir)
6. Elles _____ nous voir à Noël si c'_____ possible. (venir / être)

3 ● *Regarde les dessins et imagine ce que pensent les personnages. Écris des phrases avec* si *dans ton cahier.* (→ Repères, p. 25/5)

4 *Pose trois devinettes à tes camarades. Forme des phrases avec* si. (→ Repères, p. 25/5)

Exemple: S'il n'y en avait pas, on ne pourrait pas s'envoyer de SMS. → le portable

5 **a** *Vivre avec ou sans télé? Lis ce que ces jeunes disent.*

Avec ou sans télé, ça m'est égal. J'utiliserais plus souvent l'ordinateur, je lirais plus de livres et j'achèterais une carte d'abonnement au ciné de mon quartier.

Si je n'avais plus la télé, je crois que j'irais chez les voisins! Seulement pour regarder le journal télévisé et mes séries préférées … et des documentaires.

b *Et toi, qu'est-ce que tu ferais sans télé? Écris un petit texte.* (→ Repères, p. 24/2)

____

____

____

6 **a** *Imagine des contextes possibles pour les phrases suivantes.*

1. Changer la vie?! Jamais de la vie!
2. Il faut changer à «Gare du Nord».
3. Tu as beaucoup changé!
4. Sors de là tout de suite!
5. Mais pourquoi est-ce que tu changes toujours d'avis?
6. Attends-moi ici, je descends les valises.
7. Est-ce que tu as sorti la poubelle?
8. Max, descends, s'il te plaît!
9. Marie est sortie.

1. C'est quelqu'un qui est très heureux de sa vie et qui répond à une interview.

____

b *Choisis une des phrases et utilise-la dans un petit dialogue ou une petite histoire. Écris dans ton cahier.*

Réviser: La phrase conditionnelle au présent/futur

7 *Forme les phrases. Utilise la phrase conditionnelle avec le présent et le futur.*

1. on / avoir le temps – on / passer chez toi après le match

___

2. elle / aller à l'étranger – elle / réussir à son examen

___

3. tu / ranger ton bureau – tu / avoir plus de place pour travailler

___

4. je / sortir avec vous samedi soir – mes parents / accepter

___

5. il / faire une fête pour son anniversaire – je / télécharger plein de musique

___

6. vous / partir tout de suite – vous / arriver à l'heure au concert

___

Réviser: Les prépositions

8 *Complète le texte par des prépositions.*

Mattéo n'aime pas du tout l'idée ______ Henri. Il a de bonnes relations ______ ses parents et ne voit pas pourquoi il devrait changer ______ famille, même ______ quelques jours. Il n'est pas fils ______ riches, mais il n'est pas fils ______ pauvres non plus. Il aime sa vie ______ ville. Il n'a pas besoin de connaître la vie ______ la campagne. Il pense qu'il comprend bien les autres ______ être obligé ______ faire cette expérience.

Comme Guillaume, il pense que ______ la vie il y a des perdants et des gagnants, que c'est ______ la nature humaine. Il est sûr que les gens se compareraient même s'il n'y avait pas de notes ______ l'école. Il sait aussi qu'il y aura toujours des gens ______ se moquer des autres ______ jalousie.

1 **a** *Qui parle? Note le numéro des phrases.* (→ Texte, p. 18)

un/e élève de sixième: ____________ un/e élève de troisième: ____________ le professeur: ____________

1. J'aime ce rôle parce que ça m'apprend à expliquer.
2. J'ai organisé cette opération de tutorat pour aider les élèves qui ont des difficultés.
3. J'ai fait plein de progrès grâce à elle.
4. J'aime rendre service. Et puis, ça me fait réviser des trucs oubliés.
5. J'ai lancé cette opération il y a quelques années.
6. Je suis content quand le mardi arrive parce qu'on va m'aider à faire mes devoirs.
7. Avec lui, c'est bien, ce n'est pas un prof mais plutôt un frère.
8. Ce sont trois quarts d'heure de travail intensif, mais le tutorat est un acte de solidarité.
9. Moi aussi, en sixième, j'avais des problèmes. J'étais bien contente que quelqu'un m'explique mes devoirs de maths.

DELF

b *Écris les phrases du texte qui montrent:*

- que Florence, Alex et Marie quittent vite la cantine le mardi après le repas.
- que le tutorat est utile à tous.
- que Florence ne serait pas passée en cinquième si elle n'avait pas eu de tuteur.
- que Florence et ses camarades ont eu aussi des tuteurs quand ils étaient plus jeunes.
- que Florence n'était pas bonne en maths.

c *Retrouve des synonymes* dans le texte et écris-les dans ton cahier.*

parler | les plus grands | faire attention | les élèves qui veulent | aider qn

* **le synonyme** un mot qui veut dire la même chose

2 **a** *Retrouve les douze verbes ou expressions à l'infinitif et écris le message.*

D	E	A	P	P	R	E	N	D	R	E	S	T	R	A	Î	N	E	R
R	E	N	D	R	E	T	S	E	R	V	I	C	E	U	T	E	U	R
E	X	P	L	I	Q	U	E	R	S	P	B	A	V	A	R	D	E	R
R	É	V	I	S	E	R	O	U	E	M	P	Ê	C	H	E	R	R	L
P	A	R	T	I	C	I	P	E	R	E	S	A	J	O	U	T	E	R
R	E	D	O	U	B	L	E	R	S	I	A	T	T	E	N	D	R	E
S	E	X	I	C	O	N	C	E	N	T	R	E	R	È	M	E	S	

b *Écris au moins huit phrases avec des verbes de* **a** *dans ton cahier.*

3 **a** *Relève dans le texte, p. 18, les mots du vocabulaire de l'école et écris-les. Puis complète-les avec des mots que tu connais déjà. Tu peux faire un associogramme ou des fiches.*

b *Réutilise des mots de* **a** *dans des phrases ou dans une petite histoire. Écris dans ton cahier.*

4 **a** *Trouve des fins de phrases possibles.* (→ Repères, p. 25/4, 5)

1. On aurait bien attendu Sophie si ______
2. Si j'avais su que le prof de maths n'était pas là, ______
3. Si tu m'avais dit ça plus tôt, ______
4. J'aurais pu t'aider si ______
5. Si tu avais voulu, ______
6. Si vous vous étiez plus concentrés, ______

b *Trouve quatre autres débuts de phrases que tes camarades devront terminer.*

5 **a** ○ *Qu'est-ce qui va ensemble? Relie.*

Si j'avais un portable,	1	a	j'aurais pu te téléphoner.
Si j'ai un portable à Noël,	2	b	je téléphonerais à mes parents pour les rassurer.
Si j'avais eu mon portable sur moi,	3	c	je pourrai enfin recevoir des SMS.
Si mon frère ne fait pas d'efforts,	4	d	il aurait de très mauvaises notes.
Si mon frère n'avait pas fait d'efforts,	5	e	il redoublera sa troisième.
Si mon frère ne faisait pas d'efforts,	6	f	il aurait redoublé sa troisième.
Si j'avais eu le temps,	7	g	j'enverrai un message à mon correspondant.
Si j'ai le temps ce soir,	8	h	je t'écrirais plus souvent.
Si j'avais plus de temps,	9	i	j'aurais téléchargé de la musique.

b ● *Finis les phrases. Utilise le temps qu'il faut.*

1. Si j'étais parti à l'heure, ______
2. S'il faisait moins froid, ______
3. Si Léo n'est pas là dans cinq minutes, ______
4. Je m'achèterais un nouvel ordinateur si ______
5. Nous ferions un tour en ville si ______
6. Valentine ne serait pas tombée si ______
7. Vous auriez regardé la télé ______
8. Si mes parents étaient d'accord, ______

6 *Forme des phrases au passé composé. Utilise* moi-même, toi-même …

1. ______________________________
2. ______________________________
3. ______________________________
4. ______________________________
5. ______________________________
6. ______________________________

7 *Le tutorat est un acte de solidarité parce que des élèves volontaires rendent service à d'autres qui en ont besoin. Connais-tu un autre exemple d'acte de solidarité dans la vie de tous les jours? Raconte en quelques phrases.*

____

____

____

____

____

La France en direct: Délégué/e, pourquoi pas toi?

DELF **8** **a** *Tu ne connais peut-être pas tous les mots, mais tu peux comprendre ce texte. Lis-le.*

Délégué(e), pourquoi pas toi?
C'est bientôt les élections de classe. As-tu envie de te présenter? Aurais-tu le bon profil?

C'est quoi, un délégué?

Chaque classe élit pour l'année deux délégués et deux suppléants qui remplacent les délégués quand ils sont absents. Le délégué est le représentant et le porte-parole des élèves. Sa mission? Faire le lien entre les élèves et les adultes de l'établissement … Il n'est pas le chef ou le roi de la classe. Il reste un élève comme les autres. On sait qu'on peut lui faire confiance, qu'il est là si on en a besoin.

Être délégué, c'est la corvée?

Un fois par trimestre, le délégué a la chance de participer au conseil de classe. Il écoute, prend des notes et peut intervenir au nom de la classe ou apporter des informations utiles concernant un élève en particulier. Pendant l'année, c'est grâce au délégué que les infos circulent dans la classe. Il avertit les camarades quand il y a un changement d'horaires, un prof absent, il distribue des feuilles d'information. C'est lui qui doit aussi signaler au prof principal ce qui ne va pas dans la classe: un élève en difficulté, une bagarre qui se prépare …

Comment être un bon délégué?

Pas besoin d'être bon élève pour être un bon délégué. Le plus important, c'est l'intérêt porté à la vie de la classe. Un bon délégué doit respecter les autres, être à leur écoute et savoir être diplomate pour parler aux adultes des problèmes des élèves. On attend de lui qu'il soit discret; il ne doit pas répéter à ses copains ce que les profs ont dit sur un élève au conseil. Le délégué doit aussi apprendre à vaincre sa timidité: il est amené à lire des messages devant toute la classe. Chaque élève a le droit de se proposer pour être délégué. Tu as envie d'être plus actif au collège? Tu sens que tu as les qualités nécessaires? Alors, fonce!

D'après OKAPI n° 790 (15.10.05)

b *Coche les bonnes réponses.*

1. Ce texte est
- ☐ une interview.
- ☐ un article.
- ☐ une publicité.

2. Ce texte
- ☐ explique le travail d'un délégué.
- ☐ parle des problèmes d'un délégué dans un collège.
- ☐ parle des problèmes d'une classe avec leur délégué.

3. Les délégués sont choisis
- ☐ pour six mois.
- ☐ pour un an.
- ☐ pour deux ans.

4. Il faut être bon élève pour être délégué.
- ☐ vrai.
- ☐ faux.

c *D'après le texte, quelles doivent être les qualités d'un/e délégué/e et pourquoi? Explique. Écris dans ton cahier.*

d *À ton avis, est-ce que tu serais un/e bon/ne délégué/e? Justifie ta réponse. Écris dans ton cahier.*

e *Traduis le premier paragraphe «C'est quoi, un délégué?» du texte dans ton cahier.*

SÉQUENCE 4

1 **a** *Relève, dans le texte, le vocabulaire du monde de la chanson. Écris-le dans ton cahier.* (→ Textes, p. 21–22)

b *Imagine une petite histoire avec le plus de mots possible de* **a** *et écris-la dans ton cahier.*

2 *Relis les textes sur la Star academy p. 21–22 et explique à un copain / une copine qui ne parle pas français ce qu'il faut faire pour participer à l'émission, comment se passe la formation et comment les téléspectateurs français réagissent à la Star academy. Écris dans ton cahier.*

Réviser: Les verbes envoyer et recevoir

3 *Complète les phrases par des formes des verbes* envoyer *ou* recevoir. *Fais attention aux temps!*

Réviser: Savoir faire qc et pouvoir faire qc

4 Savoir faire *ou* pouvoir faire? *Forme les phrases.*

1. parler

2. manger

3. sortir

4. jouer de la guitare

5. aller au collège

6. lire

7. danser

8. marcher

1. ____
2. ____
3. ____
4. ____
5. ____
6. ____
7. ____
8. ____

Réviser: L'adjectif, l'ordre des mots dans la phrase

5 *Retrouve l'ordre des mots et écris les phrases. N'oublie pas l'accord de l'adjectif et la ponctuation.*

1. participer cette il avoir émission faut pour *nouveau* à 16 ans entre et 18

___

2. est a qui voix c' une *célèbre merveilleux* un chanteur

___

3. pour a *mauvais* été une tout monde le surprise ça

___

4. et les c' qu' une est on *cruel* pour chose *injuste* jeunes élimine

___

5. personne très est n' Élise parce que a elle voté *déçu* pour

___

6. n' pu a mais fille *fou* un a talent cette continuer pas elle

___

Réviser: Le subjonctif

6 *Quelle est l'emploi du temps de Thibault demain? Formule des phrases. Utilise* il faut que + *le subjonctif.*

___

___

___

___

___

___

___

___

___

___

7 

Fais l'exercice d'entraînement à la production orale, p. 78.

8 *Julien, 16 ans, voudrait poser sa candidature à la Star Academy, mais ses parents sont contre. Imagine un dialogue et écris-le dans ton cahier.* (→ Méthodes et stratégies, p. 14/9)

Lecture

9 **a** *Utilise la méthode* Comment lire et comprendre un texte *de ton livre, p. 23/6.*

Je pourrais vous raconter des trucs intéressants, c'est sûr. Le problème, c'est que je n'ai pas grand chose en magasin … Je m'appelle Vincent Marquet, j'ai treize ans, bientôt quatorze, et je suis en 4ème au collège Paul Fort. Je ne suis pas un très bon élève, mais ça va, je me maintiens. Je suis fils unique, j'ai un téléphone portable dans mon sac à dos et la clé de ma maison autour du cou. Mes parents travaillent beaucoup. Ma mère m'appelle vers cinq heures et demie pour savoir si je suis bien rentré et si j'ai eu de bonnes notes. Quand j'ai eu moins de quinze, elle commence à s'énerver toute seule dans mon Nokia. Alors, je le tiens le plus loin possible de mon oreille et j'attends qu'elle se calme. Maintenant, quand j'ai moins de quinze, je ne le lui dis plus. Après tout, il y a les bulletins … C'est fait pour ça.

Je lis beaucoup. Surtout des mangas. Tout mon argent de poche y passe. Le reste du temps, je joue sur mon ordinateur aux «Sim's» ou à «Age of Empires». Quand j'en ai marre de tous ces trucs virtuels, je me branche sur MSN pour chatter un peu. Mais je n'accroche pas trop … Les autres connectés me paraissent encore plus virtuels que les personnages de mes jeux. On s'échange des phrases trop débiles … Et puis, je trouve qu'ils font trop de fautes d'orthographe … Je ne suis pas spécialement snob mais quand je lis: *Salu Vince t'a un code pour lancé des fléche empoisonné?,* ça m'énerve. C'est quand même pas dur de mettre un s à flèches au moins … C'est pour cette raison que je n'ai pas beaucoup d'amis. Peut-être que je suis trop difficile mais je ne crois pas … C'est surtout parce que je suis toujours seul depuis que je suis petit, alors je me suis habitué à moi, c'est tout.

Mes parents travaillent dans une agence immobilière. Mon père passe des coups de téléphone et signe des contrats pendant que ma mère fait visiter des appartements. Ils sont gentils mais ils ne pensent qu'à leur boulot. Ils ont deux portables chacun et ils ne les débranchent jamais.

Un soir, comme j'étais dans ma chambre à attendre en vain que ma mère vienne m'embrasser, je l'ai appelée sur sa ligne professionnelle.

Je l'ai entendue qui râlait en baissant le son de la télévision avant de prendre sa voix en sucre:

– Agence Marquet, bonsoir …

– C'est ton fils, j'ai répondu, il aimerait bien que tu passes le voir quand t'auras le temps …

Longtemps, j'ai réclamé de la compagnie. Pas un frère ou une sœur, non, mes parents n'auraient jamais eu le temps, mais au moins un chat, une souris ou un poisson rouge. À la place, j'ai eu un bonsaï. L'horreur! (…)

Chaque matin, quand je pars pour le collège, il y a un gros tas de vieux vêtements sur le banc de l'abribus. Et ce gros tas, c'est un clochard. Je n'ai jamais vu un clochard aussi sale. Je dis «vu» mais en vérité je ne l'ai jamais vraiment regardé, je ne peux pas. Il sent vraiment trop mauvais.

Hier matin, il neigeait et le clochard dormait sous un gros carton. Quand l'autobus est parti, je l'ai regardé par la fenêtre. Il était pieds nus dans ses chaussures.

En classe, le prof s'est énervé contre moi parce que je rêvais. J'étais juste en train de me demander comment on fait pour vivre dehors, sans chaussettes, quand il fait moins trois degrés …

Il a encore neigé toute la nuit et j'étais en train d'attendre le bus quand le clochard m'a appelé:

– Et toi, le petit jeune, viens, je vais pas te manger!

Je me suis donc approché sans respirer pour éviter l'odeur. Pour la première fois, je l'ai regardé. J'ai vu son visage et surtout, j'ai vu son sourire, il n'avait plus beaucoup de dents, mais quel beau sourire …

Il a continué:

– Tu veux que je te montre quelque chose?

Je n'ai pas répondu. J'avais un peu peur.

Il a ouvert son blouson et là j'ai fait:

– Oooh … un chien?

– Non, c'est une petite chienne, ça mon gars! Une petite chienne qui ne voulait pas mourir.

– Mais vous l'avez trouvée où?

– Dans une poubelle, je cherchais des trucs à bouffer et voilà ce que j'ai trouvé. Tu te rends compte, jeter une petite chienne comme ça à la poubelle. C'est vraiment la honte. Le monde me dégoûte.

– Mais, j'ai dit, elle ne va pas survivre, elle est trop petite. Et puis, elle a besoin de sa mère …

Il m'a regardé, il avait l'air désespéré:

– Je sais , je le sais bien, mon gars … j'aurais dû la laisser là où elle était …

D'après Anna Gavalda, Ma vie, un poil plus belle, dans: Je bouquine

b *Imagine une suite à cette histoire. Écris dans ton cahier.*

Bilan autocorrectif

Hier kannst du deine Lernerfolge überprüfen. Versuche die Übungen ohne Hilfe zu lösen. Vergleiche dann deine Ergebnisse mit den Lösungen auf S. 85. In der rechten Spalte findest du Hilfestellungen und Anregungen, wie du etwas, was du noch nicht beherrschst, noch einmal trainieren kannst.

1 La négation avec «personne ne, rien ne» et «ne ... aucun/e»

Traduis les phrases.

1. Nichts ist sicher. ______________________
2. Niemand ist gekommen. ______________________
3. Ich habe keine einzige SMS erhalten. ______________________
4. Nichts gefällt ihr. ______________________
5. Niemand weiß, wo er wohnt. ______________________
6. Dieser Sänger hat überhaupt kein Talent. ______________________

2 Die Bildung des „conditionnel présent" und des „conditionnel passé"

a *Complète par des formes au conditionnel présent.*

1. Tu ______________________ (devoir) lui demander son avis.
2. On ______________________ (pouvoir) inviter Charlotte et Chloé.
3. Est-ce que vous ______________________ (pouvoir) répéter, s'il vous plaît?
4. Sans leur ordinateur, ils ______________________ (être) drôlement malheureux.
5. À ta place, je ne me ______________________ (faire) aucun souci.
6. Sans télé, les gens ______________________ (lire) plus souvent.

b *Complète par des formes au conditionnel passé.*

1. Sans toi, j' ______________________ (avoir) une mauvaise note.
2. Elles ______________________ (pouvoir) s'excuser.
3. Qu'est-ce que vous ______________________ (faire) à ma place?
4. Tu ______________________ (devoir) me dire la vérité.
5. Sans sa tutrice, il ______________________ (avoir) des difficultés.
6. J' ______________________ (aimer) aller au cinéma avec toi.

3 Der irreale Bedingungssatz

a *Forme les phrases avec si. Utilise l'imparfait et le conditionnel présent.*

b *Transforme les phrases de* **a**. *Utilise le plus-que-parfait et le conditionnel passé.*

1. nous / avoir le temps – nous / faire un grand voyage

2. elle / ne pas être contente – elle / savoir ça

3. il / habiter moins loin – elle / le voir plus souvent

4 Vocabulaire

Trouve un mot de la même famille.

perdre

l'élimination

solidaire

ennuyeux, ennuyeuse

la jalousie

danser

dépendre

5 Qu'est-ce qu'on dit?

Traduis le dialogue.

– Ach, wenn Anna mich nur anriefe ...
– An deiner Stelle würde ich dieses Mädchen vergessen.
– Nein! Ohne sie wäre ich zu unglücklich!
– Quatsch! Du solltest dich für ein anderes Mädchen interessieren. Du könntest mit meiner Schwester ausgehen.

Les solutions sont à la page 85.

(⟶ Mischaufgabe 1, S. 73)

DOSSIER 2 *Échanges d'hier et d'aujourd'hui*

Approches

DELF **1** *Vrai* [v] *ou faux* [f]*? Justifie tes réponses à l'aide du texte. Écris dans ton cahier.* (→ Texte, p. 32–33)

1. ☐ Le traité de Verdun partage l'Empire de Charlemagne entre ses trois fils.
2. ☐ Au 16[e] siècle, beaucoup de protestants français doivent quitter leur pays.
3. ☐ Après 1685, les Huguenots peuvent revenir en France.
4. ☐ Louis XIII perd l'Alsace et la Lorraine au 17e siècle.
5. ☐ Une guerre commence en 1792 entre la France et d'autres pays d'Europe.
6. ☐ Le «siècle des Lumières», c'est le 17e siècle.
7. ☐ La Révolution française commence en 1789.
8. ☐ Bismarck perd la guerre de 1870/71 contre la France.

Réviser: Le vocabulaire de la famille

2 *Qui est qui? Présente six personnes.*

*le mari – der Ehemann

Monsieur Thibault est le mari* de Madame Thibault, le père de François, Marc et Anne. Madame Thibault est la femme de Monsieur Thibault.

____

____

____

____

____

____

1 *Regarde les vignettes et raconte l'histoire de Guillaume Fouquet dans ton cahier.* (→ Texte, p. 34–35)

2 *Retrouve un mot ou deux de la même famille. Fais un tableau dans ton cahier.* (→ Liste alphabétique, p. 149)

immigrer
tolérer qc
la permission
le risque
vivre
la construction
le programme
révoquer qc
l'horreur
la déclaration
malheureux/-euse
prospère
la solidarité
le/la réfugié/e
la pratique
mourir
la révolution

nom	verbe	adjectif
le risque	risquer	X
la vie	vivre	vivant
la pratique		

3 *Complète les phrases par des formes des verbes* craindre *(2x)*, prospérer *(1x)*, subir *(2x)*, survivre *(2x)*. (→ Les verbes, p. 102)

1. Guillaume Fouquet ____________________ *(imparfait)* que les hommes soient plus cruels que les animaux sauvages.
2. Il avait peur que sa sœur ne ____________________ pas dans la Tour de Constance.
3. Les Huguenots ____________________ *(passé composé)* des choses horribles au 17e siècle.
4. Guillaume Fouquet ne voulait pas que ses enfants ____________________ le même sort* que lui.
5. Un jour, il leur a dit: «Je ____________________ *(présent)* qu'il y ait toujours des guerres.»
6. Il a ajouté: «Heureusement, nous ____________________ *(passé composé)* à tout cela.»
7. Le Brandebourg ____________________ *(passé composé)* grâce aux Huguenots.

* **le sort** das Schicksal

4 ○ *Relie les phrases et écris-les dans ton cahier.* (→ Repères, p. 49/2)

La situation est difficile, mais je suis sûr qu'on	1	a	réussisse si bien.
Ils ont peur que cette expérience	2	b	peut compter sur lui.
Il viendra, c'est sûr, je sais qu'on	3	c	va trouver une solution.
Ce n'est pas facile, mais j'espère qu'elles	4	d	puissent venir samedi.
Elle craint qu'il	5	e	comprendront le problème.
Ses parents sont très fiers qu'il	6	f	ne sache pas se débrouiller seul.
Nous sommes heureux qu'elles	7	g	soit trop dure pour les enfants.

5 ● *Traduis ces phrases. Utilise le subjonctif présent.* (→ Repères, p. 49/2)

1. Wir bedauern, dass ihr die Situation nicht versteht.

____

2. Léos Eltern befürchten, dass ihr Sohn nicht in die 9. Klasse versetzt wird.

____

3. Ihr müsst die Wahrheit erfahren, ihr müsst mir zuhören.

____

4. Mein Vater ist stolz darauf, dass ich mich für alles interessiere.

____

5. Er ist glücklich, dass wir uns so gut verstehen.

____

6 *Trouve des fins de phrases possibles. Utilise le subjonctif ou l'indicatif.* (→ Repères, p. 49/2)

1. Ma copine pense que ____________________
2. Elle regrette que ____________________
3. Moi, par contre, je suis contente que ____________________
4. Il n'est pas impossible que ____________________
5. Mon copain est assez fier que ____________________
6. Mais moi, je déteste que ____________________
7. Marion trouve bizarre que ____________________
8. Il est inutile que ____________________
9. Ma mère espère que ____________________
10. Lucas est sûr que ____________________

7 **a** *Qu'est-ce qu'ils disent? Forme les phrases dans ton cahier. Utilise* ne … que *et fais attention aux temps.* (→ Repères, p. 50/7)

b *Traduis les phrases de* **a** *avec* ne … que *dans ton cahier. Qu'est-ce que tu remarques?*

1 **a** *Relis la bédé, pages 38–39 et donne un titre à chaque vignette. Écris-les dans ton cahier.*

b *Écris la solution des rébus dans ton cahier.*

Exemple:

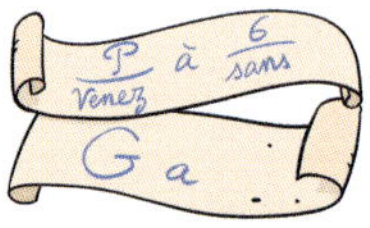

venez sous p à sans sous 6
→ Venez souper* à Sanssouci.
G grand a petit → J'ai grand appétit.

* **souper** zu Abend essen

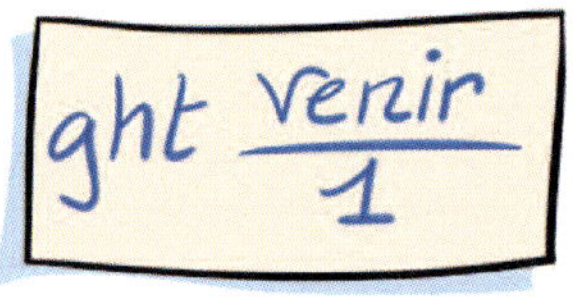

2 **a** *Trouve le contraire de ces adjectifs.* (→ Liste alphabétique, p. 149)

possible ≠ ______________________ prudent/e ≠ ______________________

juste ≠ ______________________ utile ≠ ______________________

b *Tu ne connais peut-être pas tous ces adjectifs, mais tu peux les comprendre. Donne leur contraire. Écris leur signification en allemand dans ton cahier.* (→ Liste alphabétique, p. 149)

intolérant/e ≠ ______________________ inconfortable ≠ ______________________

imprécis/e ≠ ______________________ inofficiel/-le ≠ ______________________

insensible ≠ ______________________ indépendant/e ≠ ______________________

inintéressant/e ≠ ______________________ indirect/e ≠ ______________________

inintelligent/e ≠ ______________________ irresponsable ≠ ______________________

inhumain/e ≠ ______________________ illimité/e ≠ ______________________

c *Qu'est-ce que tu remarques quand le préfixe* in- *est devant* -p, -l, -r? *Formule une règle.*

____

____

3 **a** ○ *Complète par une forme du pronom interrogatif* lequel. (→ Repères, p. 50/4)

b *Lis les mini-dialogues et complète les phrases. Utilise des formes composées du pronom interrogatif* lequel. (→ Repères, p. 50/4)

1.

Je m'intéresse beaucoup aux philosophes des Lumières.

Je pense à Diderot, Voltaire …

______ est-ce que tu penses?

2. Ce matin, en cours, on a parlé du roman de Victor Hugo.

______ est-ce que vous avez parlé?

3. Pourquoi est-ce que tu n'as pas répondu à ma question?

______?

4. On a aimé ses nouvelles chansons.

______ est-ce qu'il s'agit?

4

a *Complète les phrases par une préposition et une forme du pronom relatif* lequel. (→ Repères, p. 50/5)

Voltaire a écrit des livres lesquells il critiquait le pouvoir absolu. Il écrivait des livres ~~auxquells~~ les courtisans ne s'intéressaient pas. L'époque à laquelle il a vécu, était difficile pour les écrivains comme lui. Son exil en Angleterre est une époque de sa vie pendant laquelle il a rencontré d'importants intellectuels. Voltaire a passé trois ans à la cour du roi de Prusse Frédéric II pour lequel il avait beaucoup d'admiration* et avec lequel il a correspondu pendant de nombreuses années.

* **l'admiration** *f.* die Bewunderung

b *Traduis le texte de* **a** *dans ton cahier.*

5 *Décris les jeunes comme dans l'exemple.*

Exemple:
Guillaume, c'est le garçon au pull bleu, au pantalon noir et aux cheveux blonds.

Réviser: La conjugaison

6 **a** *Retrouve les douze verbes à l'infinitif et écris-les.*

souf- | -pondre | ag- | -rendre | cons- | -ahir | ap- | -duire | -truire | -vir | -prendre | env- | ser- | -frir | entend- | -ir | -mir | dor- | -re | tra- | corres- | -endre | comp- | déf-

b *Quels verbes ont la même conjugaison? Retrouve-les et écris-les dans ton cahier.* (→ Les verbes, p. 102)

c *Utilise au moins six de ces verbes dans des phrases au présent de l'indicatif. Ton/Ta camarade met ces phrases au passé composé, à l'imparfait et au futur simple. Écris dans ton cahier.*

7 *Transforme ces phrases. Utilise le subjonctif présent. Écris dans ton cahier.*

1 Quand on me regarde comme ça, je déteste ça!

1. Je déteste qu'on me regarde comme ça!

2 Tu agis dans son dos, il est fâché.

3 Restez plus longtemps, je le souhaite.

4 Son copain part sans elle en vacances, elle veut empêcher ça.

5 On ne va pas pouvoir les emmener avec nous, je le crains.

6 Tu ne comprends pas la situation, c'est dommage.

7 Vous parlez très bien le français, c'est magnifique.

8 On se dispute pour des bêtises, je le regrette.

9 Ils vont aller à cette fête sans nous? C'est impossible!

8 *Traduis les phrases suivantes et écris-les dans ton cahier.*

1. Où aller d'abord?
2. Comment aller au musée de la musique?
3. Où trouver un café d'ouvert?
4. Pourquoi ne pas rentrer à l'hôtel à pied?

La France en direct: Émilie du Châtelet, la femme des Lumières (1706–1749)

9 **a** *Lis ce texte et cherche les mots que tu ne comprends pas dans un dictionnaire.*

b *Raconte à un copain qui ne parle pas français qui était Émilie du Châtelet. Écris dans ton cahier.*

Gabrielle Émilie le Tonnelier de Breteuil du Châtelet a grandi à Paris dans une famille riche qui était en contact avec la cour. Émilie était douée pour les langues, les mathématiques, la physique et la philosophie. Elle était d'une grande intelligence et la plupart des hommes et des femmes l'évitaient: Émilie ne s'intéressait qu'aux choses de l'esprit.

Au 18e siècle, les femmes ne pouvaient pas faire d'études à l'université. Alors Émilie du Châtelet se procurait elle-même des professeurs. Un de ses professeurs, le mathématicien, astronome et physicien Moreau de Maupertuis, était membre de l'Académie des Sciences et défendait les théories d'Isaac Newton. De grands débats avaient lieu à l'Académie sur ces théories. Émilie du Châtelet aurait voulu participer aux réunions régulières de l'Académie des Sciences. Malheureusement, les femmes ne pouvaient pas y participer. Lorsque le mathématicien et ses amis, des mathématiciens et philosophes, se réunissaient dans un café, elle y allait déguisée en homme, car les femmes n'avaient pas non plus le droit d'entrer dans les cafés.

Émilie du Châtelet a été l'amie et la compagne de Voltaire.

«J'ai perdu un ami de vingt-cinq années, un grand homme qui n'avait de défaut que d'être femme, et que tout Paris regrette et honore. On ne lui a peut-être pas rendu justice pendant sa vie» a écrit Voltaire en 1749 à la mort de sa grande amie Émilie.

D'après: www.visitvoltaire.com

DELF **1** **a** *Ce n'est pas tout à fait vrai. Lis bien ces phrases et corrige-les.* (→ Texte, p. 42–43)

1. Depuis 1998, grâce au programme Voltaire, les lycéens français peuvent passer six mois chez leurs correspondants.

____

____

2. Le programme Brigitte Sauzay permet à tous les collégiens allemands et français de passer trois mois chez leurs correspondants.

____

____

3. Olivier et Julie voudraient aller en Allemagne parce qu'ils pensent qu'à quinze ans, il faut quitter sa famille.

____

____

4. Pierre est tombé dans une famille sympa et pense qu'il a eu beaucoup de chance car ce n'est pas toujours comme ça.

____

____

5. Au début, il était perdu à cause de la nourriture, de la langue et du système scolaire qu'il trouve assez horrible.

____

____

6. Sophie, elle, a eu tout le temps le cafard et conseille aux deux jeunes de ne pas partir pour l'Allemagne.

____

____

b *Quels ont été, pour le développement personnel de Sophie et de Pierre, les meilleurs côtés de cette expérience?*

____

____

____

____

____

____

____

____

2 **a** *Complète.* (→ Liste des mots, p. 130)

Savez-vous combien de [1] participent au programme Brigitte Sauzay?
Combien de [2] est-ce que tu parles?
Je voudrais [3] un jeune Allemand chez moi.
Mon [4] en Allemagne a été vraiment super. Je n'ai jamais eu le [5].
Mon copain, lui, a fait une autre [6]. Sa famille lui a beaucoup [7].
Amélie, une [8] de dix-sept ans en première à Marseille a passé trois mois à Rosenheim.
Mais elle n'a pas [9] à un échange. Elle était chez des amis de ses parents.

b *Retrouve les paires de mots et écris-les dans ton cahier. Il y a plusieurs possibilités.*

recevoir	avoir	valoir
faire	apprécier	rester
garder	participer à	avoir

le cafard	un échange	un copain
en contact	une expérience	le coup
un repas	le mal du pays	un souvenir

c *Forme au moins quatre phrases avec des paires de mots de* **b**. *Tu peux utiliser plusieurs paires de mots par phrase.*

____

____

____

____

3 *Complète le texte par les mots suivants.*

car d'abord de plus et grâce à c'est pourquoi mais malgré

Paul apprend l'allemand. ______________ il a décidé de faire un séjour en Allemagne.

______________ programme Sauzay, Paul a passé trois mois chez son correspondant à Cologne.

______________ il a eu un peu le cafard ______________ sa famille lui manquait

______________ la famille de son corres s'est bien occupée de lui.

______________ quelques problèmes de langue, il a su se faire comprendre ______________

il a même fait des progrès. ______________, il a assez bien réussi en sciences.

Réviser: Les adjectifs et les adverbes en «-ment»

4 *Adjectif ou adverbe? Complète les phrases.*

courageux
dangereux
froid gentil
lent simple

1. Lilli aide les gens en danger. Elle est très ______________ .
2. Le problème est ______________ à comprendre, je vais te l'expliquer.
3. Ça ne lui a pas plu et il a réagi plutôt ______________ .
4. Parle plus ______________, s'il te plaît, je n'ai rien compris.
5. Écoute, ce n'est pas de ma faute, tu pourrais me parler ______________ .
6. Le prof de maths sait expliquer les choses ______________ .
7. Venez manger! Ça va être ______________ .
8. Tu es imprudent. Tu vis ______________ .
9. Mais non, ce n'est pas ______________. Tu as peur de tout!
10. Nicolas a ______________ sauvé son copain qui était en danger.

5 **a** *Écris les adverbes des adjectifs suivants.*

	différent	énorme	indépendant
	___	___	___
intelligent	intense	méchant	prudent
___	___	___	___

b *À toi. Trouve au moins six phrases que tu feras compléter par ton/ta voisin/e par quelques-uns des adjectifs ou adverbes de* **a** *comme dans l'exercice 4. Écris-les dans ton cahier.*

6 ○ *Imagine des fins de phrases possibles.*

1. Est-ce que ta sœur a revu le garçon dont ___
2. Est-ce que tu as encore le texte dont ___
3. On a enfin trouvé les informations sur Voltaire dont ___
4. Je ne sais pas si je vais pouvoir faire le voyage dont ___
5. Hier, j'ai vu la fille dont ___
6. Ma grand-mère va m'offrir le vélo dont ___

7 ● *Traduis les phrases suivantes.*

1. Hier ist das Buch, das du brauchst.

___

2. Zeig mir die Schuhe, auf die du Lust hast!

___

3. Ist das nicht der Junge, von dem du mir erzählt hast?

___

4. Meine erste Erfahrung war ein Erfolg, an den ich mich heute noch erinnere.

___

___

5. Dir ist etwas gelungen, worauf du stolz sein kannst.

___

___

8 *Complète les phrases par les pronoms relatifs* dont, où, que *ou* qui.

1. Sur Internet, j'ai trouvé des infos sur le programme Sauzay __________ la prof d'allemand nous a parlé.
2. J'ai une copine __________ est partie à Potsdam grâce à ce programme.
3. Elle a passé trois mois chez sa corres __________ va bientôt venir passer trois mois chez elle.
4. Ma copine m'a beaucoup parlé d'un garçon __________ elle a fait la connaissance à Potsdam.
5. Moi, je ne sais pas encore __________ je préfère aller. J'hésite entre Munich et Dresde.
6. Je verrai d'après les adresses __________ ma prof me donnera et je choisirai plus tard.

9

Fais l'exercice auditif, p. 82.

Lecture: Arrivée en Allemagne

10 **a** *Lis ce texte et cherche les mots que tu ne comprends pas dans un dictionnaire.*

Denis est à Sarrebruck dans la famille de son correspondant allemand, les Bauer. C'est son premier jour.

Les Bauer habitent dans un petit appartement assez loin du centre ville. On m'installe dans la chambre de Rolf. On me présente Petra, quinze ans, et Klaus, dix-sept, la grande sœur et le grand frère de Rolf. Ils sont en train de faire leurs devoirs, Petra dans sa chambre et Klaus dans la salle à manger (...) C'est Klaus qui m'a laissé son lit, et son bureau par la même occasion. Je n'ose pas lui dire qu'il peut quand même travailler dans sa chambre, que ça ne me dérange pas. (...)
Je défais mon sac, range mes vêtements dans l'armoire de Rolf, M. Bauer vient me voir.
«On va courir dans la forêt, tu viens avec nous?»
– Oui.
– Tu as des chaussures de sport?
– Oui.
Je lui montre mes baskets, Turnschuhe. C'est très bien. On dit Turnschuhe pour baskets.
Le repas du soir se compose en grande partie de charcuterie. Il y a plusieurs plats sur la table. On peut manger de tout en même temps. Il y a une petite assiette de salade posée sur ma droite. (...)
Après le repas, Monsieur Bauer allume la télé pour le journal: le Tagesschau. Toute la famille s'installe sur le grand canapé. On me laisse le fauteuil. Je ne comprends rien à part les noms. Le ton du présentateur est très monotone. Valéry Giscard d'Estaing* apparaît à l'image, der französische Präsident Chiscardesteng, les Bauer me sourient.
Petra sort un jeu de société que je ne connais pas. Ça s'appelle Malefiz. Il faut lancer des pions et monter au sommet d'une pyramide. Le premier arrivé a gagné bien sûr. J'apprends que deux se dit zwo et non pas zwei comme j'ai appris à l'école. Madame Bauer m'explique que zwei, c'est plus correct mais qu'on peut dire zwo.

D'après: Denis Lachaud, J'apprends l'allemand, Actes Sud 1998

* Valéry Giscard d'Estaing war französischer Staatspräsident von 1974 bis 1981.

b *Écris dans ton cahier.*

1. *Qui est Denis? D'après le texte, qu'est-ce que tu peux dire de lui?*
2. *Présente la famille Bauer.*

c *Tu passes le premier soir dans la famille de ton/ta correspondant/e en France. Raconte. Tu peux parler de la ville/région, des repas, des activités de la famille et/ou de ton/ta correspondant/e, de ce que tu apprends, de ce qui t'étonne, etc. Écris dans ton cahier.*

11

Fais l'exercice d'entraînement à la production orale, p. 79.

1 *Quels sont les mots ou expressions dans le texte, page 48, qu'on peut classer dans les rubriques suivantes? Complète. Il y a plusieurs possibilités.*

la société française sous Louis XIV:

______

______

______

les métiers:

______

______

______

la religion:

______

______

______

l'école et les études:

______

______

______

Réviser: La phrase conditionnelle

2 *Qu'est-ce qu'ils disent ou pensent? Forme les phrases. Utilise la phrase conditionnelle.*

1. je / avoir le bac – je / faire un grand voyage

______

______

2. tu / apprendre ta leçon – tu / avoir une meilleure note

______

______

3. ma mère / moins travailler – on / faire plein de choses ensemble

______

______

4. le train / être à l'heure – on / avoir le temps de visiter le centre

______

______

5. je / avoir beaucoup d'argent – je / aider les pauvres

______

______

6. je / savoir – je / rester à la maison

______

______

7. tu / m'écouter – je / ne pas devoir tout répéter

______

______

8. tu / ne pas être là – ils / me voler mes affaires

______

______

9. je / être célèbre – Luc / s'intéresser sûrement à moi

______

______

Réviser: Les prépositions

3 *Complète le texte.*

à *(4 x)* dans *(2 x)* de *(6 x)*
en jusqu'en par pour

Paris est la capitale __________ la France __________ 1682, date __________ laquelle le roi et sa cour s'installent __________ Versailles. __________ la France __________ Louis XIV, 95 % des enfants vivent __________ la campagne et les villes restent petites. Paris compte 500 000 habitants, Lyon 100 000 et Toulouse 40 000. Le siècle est traversé __________ de nombreux malheurs. Des changements __________ climat provoquent des famines[1] importantes et les maladies tuent beaucoup de gens. Quand les épidémies __________ peste ou __________ tuberculose arrivent __________ une région, elles peuvent __________ quelques semaines faire mourir un tiers ou plus __________ la population. __________ cette époque, beaucoup d'enfants pauvres doivent travailler __________ leur survie[2].

1 **la famine** die Hungersnot 2 **la survie** das Überleben

Réviser: Les verbes en «-ayer», «-oyer»

4 **a** *Retrouve les formes de quatre verbes, puis écris-les avec le pronom personnel correspondant. Note aussi de quel temps de l'indicatif il s'agit ainsi que l'infinitif de ces verbes.*

il essaiera; 3ème pers. du sg. futur; ____________________

____

____

____

____

____

b *Forme six phrases dans ton cahier avec des formes de* **a** .

Réviser: Les temps du passé

5 **a** *Manon, une enfant paysanne au 18e siècle: Mets ce texte au passé. Écris dans ton cahier.*

Née paysanne dans une famille nombreuse, Manon ne quitte jamais son village. Elle aide sa famille et travaille du matin au soir. Elle s'occupe de ses frères et sœurs et donne à manger aux animaux. Ensuite, elle prépare le repas et fait la vaisselle[1]. Après, elle va garder les vaches[2]. Le dimanche, elle va à l'église avec sa famille. Un dimanche, elle va avec ses frères à une fête voir danser les garçons du village. Elle fait la connaissance d'un beau jeune homme qui danse très bien. Il est d'un autre village. Après la fête, il faut rentrer. Manon ne revoit plus ce jeune homme. Quelques années plus tard, son père lui choisit un jeune homme de leur village qu'elle épouse.

1 **faire la vaisselle** abwaschen 2 **la vache** die Kuh

b *Traduis le texte dans ton cahier.*

Lecture: Louis, le Grand Dauphin

6 **a** *Lis ce texte, cherche les mots que tu ne comprends pas, puis note les côtés positifs et négatifs de la vie du Grand Dauphin enfant.*

Louis, le Grand Dauphin, fils de Louis XIV, a dix ans en 1671.
Plus de cent personnes le servent. Ses jouets sont magnifiques. Mais il n'a pas assez de temps pour jouer. Son éducation est studieuse et sévère.
Après les prières, le travail avec son précepteur commence. Il commence par la religion. L'histoire de France est importante, et la géographie suit, avec l'étude des cartes. Puis viennent les leçons de latin, d'italien et d'espagnol. Le soir, il prend des cours de musique.
Louis dépense son énergie grâce à l'équitation, la danse et le maniement des armes. Il aime les promenades dans les jardins et se baigner dans les étangs, l'été.
Les visites quotidiennes à sa mère ont lieu avec beaucoup de personnes, et Louis y trouve peu d'affection. Il craint son père, qui est sévère, et le voit peu.
Pour son anniversaire, on a organisé une fête avec un spectacle de marionnettes, une pièce de théâtre et un feu d'artifice. Il va à des bals où il porte de très beaux vêtements.
Louis est un enfant tranquille et timide.

D'après «La Vie des enfants au temps du Roi-Soleil» de Claude Grimmer

Côtés positifs	*Côtés négatifs*

b *D'après toi, est-ce que Louis, le Grand Dauphin, a une enfance heureuse? Justifie ta réponse. Écris dans ton cahier.*

Bilan autocorrectif

1 Vocabulaire

Souligne les intrus.

1. le roi – les courtisans – l'artisan – les fêtes – le château
2. le conte – la pièce de théâtre – le poème – l'intrigue – la satire
3. le réfugié – la fuite – l'escalier – le passeur – l'exil
4. la philosophie – le pouvoir – la tolérance – les sciences – les Lumières
5. déclarer la guerre – battre qn – annexer – envahir qc – prospérer
6. ouvert – sévère – horrible – cruel/le – difficile

2

2 Qu'est-ce qu'on dit?

Complète le texte par à cause de, c'est pourquoi, grâce à *ou* malgré.

Un jour, ______________________ un copain, j'ai pu avoir deux places pour un concert de musique classique. J'ai demandé à ma sœur si elle voulait y aller avec moi. Elle n'adore pas cette musique, mais ______________________ cela, elle a accepté. Le jour du concert, ma sœur avait complètement oublié qu'on avait rendez-vous devant l'opéra. Elle est arrivée avec une demi-heure de retard et ______________________ elle, on a raté la moitié du spectacle. J'étais furieuse.

______________________ je ne lui demande plus de sortir avec moi.

3 La conjugaison

a *Complète le tableau.*

craindre	correspondre	envahir	survivre	traduire
je crains				
	tu corresponds			
		on envahit		
	nous correspondons			
			vous survivez	
				ils/elles traduisent
j'ai craint				

b *Note pour chaque verbe de* **a** *un autre verbe qui se conjugue de la même façon. Écris-les dans ton cahier.*

4 Le subjonctif présent

Subjonctif ou indicatif? Complète.

1. On espère que nos parents ______________________ (accepter) de nous laisser sortir samedi.
2. Quel dommage que ta copine ne ______________________ (comprendre) pas tes problèmes.
3. Sophie ne sait pas que ses parents ______________________ (savoir) la vérité.
4. Mes parents trouvent normal que nous n'______________________ (avoir) pas d'argent de poche.
5. Il est inutile que nous ______________________ (continuer) à discuter de ce thème, ça ne sert à rien.
6. Nous regrettons que tu ne ______________________ (vouloir) plus participer au projet.

5 Les adverbes

Complète les phrases par les adverbes des adjectifs suivants.

absolu constant courant différent énorme

1. Ah, tu as compris ça de cette manière? Moi, je l'ai compris ______________________ .
2. Écoute-moi, j'ai ______________________ besoin de ton aide.
3. Depuis mon retour de Tunisie, mes copains me manquent ______________________ .
4. Encore elle! Elle veut être ______________________ avec moi.
5. Mes parents parlent ______________________ l'anglais et l'allemand.

6 Le pronom relatif «dont»

Relie les phrases par le pronom relatif dont *pour n'en former qu'une.*

1. J'ai enfin lu le livre. Tu m'avais parlé de ce livre.

____

2. Est-ce que tu as vu le film? Tout le monde parle de ce film.

____

3. Anne va aller au ciné avec le garçon. Elle est tombée amoureuse de lui.

____

4. Ma grand-mère ne veut pas m'offrir la veste. Je rêve de cette veste.

____

7 Le pronom interrogatif «lequel»

Complète les phrases par une forme de lequel.

8 Le pronom relatif «lequel»

Complète chaque phrase par une préposition et une forme de lequel.

Pendant les vacances, mon frère aîné et moi, on a fait un voyage à Potsdam, la ville __________ se trouve le château de Sanssouci. Là-bas, on a fait la connaissance de jeunes __________ on a visité plein de choses. C'était très bien parce qu'ils aimaient les choses __________ on s'intéressait, nous aussi. On a aussi fait une grande excursion ensemble __________ mon frère a perdu sa carte d'identité. Mais heureusement, il l'a retrouvée.

9 La négation avec «ne … que»

Écris les phrases et traduis-les en allemand. Écris dans ton cahier.

1. les – connais – l' – que – je – prof – Allemagne – d' – récits – par – des – ne – mon – allemand – de
2. sommes – nous – Berlin – trois – à – restés – allés – jours – y – n' – nous – mais – sommes – que
3. collégiens – chez – correspondants – partis – rentreront – ils – les – ne – leurs – que – les sont – et – mardi
4. n' – acheté – parce que – je – je – plus – avais – cinq – sur – rien – que – moi – n' – ai – euros

Les solutions sont à la page 86.

(→ Mischaufgabe 2, S. 74)

DOSSIER 3 *Mon quartier, ma planète*

Approches

1 *Des touristes visitent Marseille et sa région. À ton avis, où sont-ils? Qu'est-ce qu'ils font?* (→ Texte, p. 56–57)

1 Henri, regarde, c'est une des plus vieilles maisons de Marseille!

2 Cette danseuse étoile est vraiment fantastique! Je ne regrette pas d'être venue.

3 Cette avenue est vraiment très animée!!

4 On construisait de très belles maisons au 19e siècle.

5 Il a l'air drôlement vieux, ce phare.

6 Allez, les Bleus!

1. ______________________________

2. ______________________________

3. ______________________________

4. ______________________________

5. ______________________________

6. ______________________________

2 *Regroupe les mots qui vont ensemble et écris-les dans ton cahier ou sur des fiches. Puis, compare tes résultats avec ceux de tes camarades et explique-leur pourquoi tu as regroupé ces mots de cette façon.* (→ Liste alphabétique, p. 149)

nager la rue le rocher la calanque les huîtres réserver le groupe la bouillabaisse
l'île le poisson la place la plage la mer le port la côte le quartier animé l'avenue
le phare le concert le marin le bateau la musique les crustacés plonger

3 *Explique les mots suivants à l'aide de synonymes, d'antonymes, de définitions ou de phrases d'exemple. Écris dans ton cahier.* (→ Liste alphabétique, p. 149)

une bouillabaisse pittoresque un/e rappeur/-euse innombrable animé/e
sous-marin/e un phare un marin un paradis

DELF **1** *Corrige les phrases et justifie tes réponses à l'aide du texte, p. 58–59.*

1. Zinédine Zidane arrive d'Algérie avec sa famille en 1972.

___

2. Il grandit à Marseille où il a une vie difficile et malheureuse.

___

3. Il aime escalader une sculpture de son quartier et un jour, il se dit que la chose la plus importante pour lui, c'est d'arriver en haut de la sculpture.

___

4. Un entraîneur de foot, Robert Santanero, parle de Zidane à Jean Varraud de l'A.S. Cannes.

___

5. À 13 ans, Zidane va vivre à Cannes avec ses parents pour commencer une carrière de footballeur.

___

6. À Cannes, il travaille dur pour y arriver et il est malheureux parce qu'il ne s'amuse pas du tout.

___

7. En 1994, l'équipe de France devient championne du monde de foot.

___

2 **a** *Regarde cette liste de mots. Tu ne les connais pas tous, mais tu connais un mot de la même famille. Trouve-les et écris de quelle catégorie de mots il s'agit.* (→ Liste alphabétique, p. 149)

le football
grand/e difficile
gagner qc l'escalade
l'abstraction
dormir mondial/e
s'entraîner rêver
heureux/-euse
la facilité l'enfant
la promesse
amoureux/-euse
la réalisation
symboliser qc
sélectionner

le footballeur / la footballeuse, nom; ___

___

___

___

___

___

___

b *Forme six phrases avec des mots que tu as trouvés en* **a** *. Écris-les dans ton cahier.*

3 **a** *Complète les phrases par une forme de* laisser *ou* faire. (→ Repères, p. 69/4)

b *Forme encore quatre phrases avec* laisser faire *et* faire faire. *Écris-les dans ton cahier.*

Réviser: Le discours indirect au présent

4 *Mets les phrases au discours indirect.*
Écris-les dans ton cahier.

Chers parents, cher Julien,

Je suis bien arrivée à Marseille. Il fait chaud et la mer est bleue. Je nage souvent dans les calanques. J'ai mangé ma première bouillabaisse, c'est très bon. J'ai visité le centre ville et le Vieux-Port. Je vais voir un match de foot avec Tatie Michèle. Je reviens samedi. Je prends le TGV de 10 heures et serai à 15 heures à Paris. Vous serez à la gare?

Bises Jeanne

Biographie langagière Sprachbiographie

Présentation

Nom ______________________________

Prénom ______________________________

Date de naissance ______________________________

Lieu de naissance ______________________________

Adresse ______________________________

____

École ______________________________

____

Adresse de mon école ______________________________

Classe ____________ Année scolaire: 20________ – 20________

Langues que je parle ______________________________

____

____

____

Séjours dans un pays francophone

Quand?	Combien de temps?	Où?	Pourquoi?

Passeport de langues Sprachenpass

Hier kannst du deine Französischfortschritte in den Bereichen Hören, Lesen, Sprechen, Schreiben und Landeskunde in diesem Lernjahr feststellen.

Schlage dein Portfolio hierzu regelmäßig auf – am besten, nachdem du einen bilan autocorrectif abgeschlossen hast. Gehe die einzelnen Punkte durch und schätze dich selbst ein.

noch nicht so gut X

gut X X

sehr gut X X X

J'écoute et je sais – Ich höre und ich kann

Audioaufnahmen zum Lehrwerk verstehen. ________
das Thema eines Gespräches verstehen, auch wenn ich nicht alle Wörter kenne. ________
am Telefon den Gesprächspartner verstehen. ________
das Thema eines Chansons verstehen. ________
Spielfilmauszüge global verstehen, wenn mir das Thema bekannt ist. ________
Auszüge aus Fernsehinterviews bzw. -reportagen verstehen. ________

Je lis et je sais – Ich lese und ich kann

E-Mails verstehen. ________
(förmliche) Briefe verstehen. ________
französische SMS verstehen. ________
Wörter und Ausdrücke in einem zweisprachigen Wörterbuch nachschlagen. ________
die Bedeutung von Wörtern in „verlan“ herausbekommen. ________
im Internet oder in anderen Medien nach Informationen suchen. ________
eigene Texte Korrektur lesen. ________
Anzeigen aus dem Internet oder in Zeitungen verstehen. ________
Texte, die Elemente der Jugendsprache enthalten, verstehen. ________
Texte, die den Werdegang einer Person beschreiben, verstehen. ________
leichtere authentische literarische Texte verstehen. ________
Artikel aus Jugendzeitschriften verstehen. ________
authentische Comic-Streifen verstehen. ________
Sachtexte verstehen. ________
Umfragen und Statistiken verstehen. ________
Tests aus französischen Jugendzeitschriften durchführen. ________

Je parle et je sais – Ich spreche und ich kann

Vorschläge machen. ________
Ratschläge erteilen. ________
Vorwürfe machen. ________
eine Diskussion führen. ________
in einer Diskussion Argumente vorbringen. ________
Wünsche und Aufforderungen formulieren. ________
über meine Beziehung zu anderen sprechen. ________
über meine Gefühle sprechen. ________
über mich, meine Familie, meine Freunde, meine Interessen und meine Gegend sprechen. ________
meinen Werdegang beschreiben. ________
über Konflikte reden. ________
eine Person vorstellen oder ein Thema präsentieren. ________
zu einem Film, einem Buch, einer Musik Stellung nehmen. ________
ein Foto, ein Gemälde beschreiben, wenn mir das Thema bekannt ist. ________
für jemanden Alltagsgespräche dolmetschen. ________
um Erklärungen bitten, wenn ich etwas nicht verstehe. ________

J'écris et je sais – Ich schreibe und ich kann

Prospektmaterial vom Fremdenverkehrsamt in einem Brief oder einer E-Mail anfordern. ________
Informationsmaterial über Aufenthaltsmöglichkeiten in einem französischsprachigen Land einholen. ________
mich, meine Gewohnheiten und meine Vorlieben in einem Brief vorstellen. ________
mich um ein Austauschprogramm bewerben. ________
die Sehenswürdigkeiten einer Stadt oder einer Gegend beschreiben. ________
eine Person beschreiben. ________
ein Land oder eine Gegend vorstellen. ________
Notizen machen. ________
eine Geschichte nacherzählen. ________

Civilisation – Interkulturelles Lernen

Ich habe die Fernsehsendung „la Star Academy“ kennen gelernt. ________
Ich weiß etwas über wichtige Etappen der deutsch-französischen Geschichte. ________
Ich habe etwas über Hugenotten erfahren. ________
Ich habe etwas über die deutsch-französischen Beziehungen erfahren. ________
Ich weiß etwas über das Leben in Frankreich zur Zeit Ludwigs XIV. ________
Ich weiß etwas über Voltaire und das „siècle des Lumières“. ________
Ich weiß, was das „Programme Voltaire“ und das „Programme Brigitte Sauzay“ sind. ________
Ich habe etwas über „verlan“ erfahren. ________
Ich habe etwas über die Stadt Marseille erfahren. ________
Ich habe wichtige Aspekte der Region Provence-Alpes-Côte d'Azur kennen gelernt. ________
Ich weiß etwas über Kindheit und Werdegang des Fußballspielers Zinédine Zidane. ________
Ich habe einige französische Sänger/innen, Musikgruppen und Chansons kennen gelernt. ________
Ich habe etwas über soziale Konflikte im heutigen Frankreich erfahren. ________
Ich habe etwas über Geschichte, Geographie und Kultur des Maghreb erfahren. ________
Ich habe verschiedene Aspekte Marokkos kennen gelernt. ________

PETIT PORTFOLIO DE FRANÇAIS

Activités principales

Décris ici tes activités principales cette année en français en quelques phrases. N'oublie pas de mettre tes travaux dans ton dossier.

Exposés/présentations/productions

Projets

Lectures/bédés/journaux/magazines

Films / émissions télévisées / émissions radiophoniques / spectacles

5 *Le soir, Jeanne raconte à sa tante ce qu'elle a écrit à sa famille. Mets les phrases de la carte au style indirect au passé.* (→ Repères, p. 69/3)

Je leur ai écrit qu'il faisait chaud et que la mer était bleue.

6 **a** *Des jeunes Marseillais ont parlé de leur ville. Mets les phrases suivantes au style indirect. Écris dans ton cahier.* (→ Repères, p. 69/3)

Un (autre) garçon/jeune Une (autre) fille Il/Elle	a dit a confié a raconté a ajouté

1. J'aime ma ville, mon quartier et les gens d'ici.
2. À Marseille, tout le monde s'intéresse au foot.
3. Les gens vont souvent voir des matchs avec l'OM.
4. Je n'ai jamais aimé ma ville à cause du bruit, de la pollution.
5. J'aimerais vivre à la campagne et un jour, je partirai d'ici.

6. Je vis ici depuis peu. Au début, c'était très dur pour moi parce je ne connaissais personne.
7. Moi, j'ai toujours vécu à Marseille et je ne peux pas m'imaginer vivre dans une autre ville. Marseille, c'est une super ville. Il faut la connaître pour l'aimer.
8. Moi, j'adore l'ambiance et le climat de Marseille. Je ne pourrais pas vivre dans un pays froid.

1. Un garçon a dit qu'il aimait sa ville, son quartier et les gens de Marseille.

b *À toi. Parle de ta ville / de ta région. Qu'est-ce que tu aimes? Qu'est-ce que tu n'aimes pas? Qu'est-ce que tu aimerais changer? Écris dans ton cahier.*

Réviser: Les verbes en -ir du type «réagir»

7 **a** *Fais une fiche pour le verbe* grandir. *Note dix autres verbes dans ton cahier qui se conjuguent comme* réagir. (→ Les verbes, p. 102)

b *Forme sept phrases avec quelques-uns de ces verbes à l'indicatif (présent, imparfait, futur, passé composé) à l'impératif, au conditionnel et au subjonctif.*

8 *Présente à ton/ta correspondant/e français/e un/e sportif/-ive qui t'intéresse. Parle-lui, par exemple, de son enfance, des débuts de sa carrière et de ses exploits* sportifs. Écris dans ton cahier.*

* **un exploit** eine Leistung

Lecture: Le terrain de basket

9 **a** *Lis le texte. Cherche les mots que tu ne comprends pas dans le dictionnaire.*

b *Réponds aux questions dans ton cahier.*

1. Qu'est ce qu'on apprend dans le texte sur la cité de la Bigotte?
2. Qui est Ouba Ouba? Fais son portrait d'après le texte.

Fabio Montale, un ancien policier, se retrouve dans une cité dans laquelle il allait souvent quand il faisait encore partie de la police.

Les gamins jouaient à merveille, sans frime. Ils jouaient pour le plaisir. Pour apprendre encore et être les meilleurs, un jour. Le terrain de basket, assez récent, avait bouffé une partie du parking, devant les deux grands immeubles de la cité de la Bigotte, sur les hauteurs de Notre-Dame-Limite, à la frontière de Marseille et Septèmes-les-Vallons. Une cité qui dominait les quartiers nord.

Ici, rien n'est pire qu'ailleurs. Ni mieux. Du béton dans un paysage rocheux et calcaire. Et la ville, là-bas, à gauche. Loin. On est là, loin de tout. Sauf de la misère. Même le linge qui sèche aux fenêtres en témoigne. Il semble toujours sans couleur malgré le soleil et le vent qui l'agite. Des lessives de chômeurs, voilà tout. Mais, par rapport à «ceux d'en bas». Il y a la vue. Magnifique. La plus belle de Marseille. On ouvre sa fenêtre et on a toute la mer pour soi. C'est gratuit. Quand on n'a rien, posséder la mer – cette Méditerranée – c'est beaucoup. Comme un morceau de pain pour celui qui a faim.

L'idée du terrain de basket revenait à un des gamins, qu'on appelait Ouba Ouba [...] parce que, devant un panier, il sautait mieux qu'un marsupilami. Un artiste.

– Quand je vois toutes ces bagnoles, qu'elles prennent toute la place, moi ça me fout en l'air, avait-il dit à Lucien, un éducateur plutôt sympa. Chez moi, c'est pas grand, ok, mais ces parkings, merde ...

L'idée avait fait son chemin. Les gamins n'avaient pas attendu la fin des discours officiels pour occuper «leur terrain». Il n'était même pas vraiment terminé. Il ne l'a jamais été d'ailleurs et maintenant, la maigre couche de bitume se craquelait.

Je les regardais. Cela me faisait drôle de me retrouver là dans les quartiers nord. C'était mon secteur. Depuis que j'avais démissionné je n'y étais plus retourné. Je n'avais aucune raison d'y venir. Ni ici, ni dans les autres cités ... Des cités où il n'y a rien. Rien à voir. Rien à faire. Pas même s'acheter un coca comme au Plan d'Aou où une épicerie survivait.

D'après: Jean-Claude Izzo, Chourmo

1 *Relis le texte, p. 62 et trouve qui a dit quoi.*

1 Si les jeunes sont restés calmes pendant les émeutes, c'est grâce à nous, car nous étions très bien organisés.

2 Si les jeunes des banlieues marseillaises sont restés relativement calmes, c'est parce qu'il y a beaucoup moins de chômage dans ces zones qu'autrefois.

3 Par contre, je ne suis pas d'accord qu'on utilise la violence pour se faire entendre.

4 Oui, partout, on est confrontés au racisme, alors, ce n'est pas facile d'être arabe.

5 Quand il y a des manifestations sportives, les différences ne comptent plus.

6 Nous, dans nos quartiers, on ne se sent pas exclus. En ville non plus. Ici, on est chez nous, à Marseille. On ne peut pas comparer avec Paris.

7 Ici, on n'a pas de problèmes si on veut aller dans le centre et se balader en ville.

8 Je comprends très bien pourquoi ces jeunes sont en colère. Ils en ont assez du racisme.

9 Pendant les émeutes, on a beaucoup discuté avec les jeunes. On a pu leur expliquer que la violence ne servirait à rien.

10 Je fais un stage dans une entreprise de la Castellane. C'est super parce que comme ça, je peux rester dans mon quartier.

1. ______
2. ______
3. ______
4. ______
5. ______
6. ______
7. ______
8. ______
9. ______
10. ______

2 **a** *Classe ces noms dans la bonne colonne.*
(→ Liste alphabétique, p. 149)

acteur animateur
chanteur danseur
directeur entraîneur
entrepreneur footballeur
rappeur téléspectateur
tuteur vendeur

noms en -eur/-euse	*noms en* -eur/-trice
______	______
______	______
______	______
______	______
______	______
______	______

b *Utilise au moins six de ces noms dans des phrases. Tu peux utiliser plusieurs noms par phrase. Écris dans ton cahier.*

Réviser: Les adjectifs en -if

3 *Complète les phrases par la bonne forme de chaque adjectif.*

1. Je n'aimerais pas vivre dans une société ______________________. *répressif*
2. Ce garçon n'est pas violent, mais il est parfois ______________________. *agressif*
3. Est-ce qu'il y a beaucoup d'associations ______________________ dans ta ville? *sportif*
4. Est-ce que vous aimez les jeux ______________________? *collectif*
5. L'intelligence est une notion* ______________________. *relatif*
6. La ville a mobilisé ses animateurs qui ont fait un travail ______________________ avec les jeunes. *intensif*

* **la notion** der Begriff

4 *Réécris ces dialogues en français standard.* (→ Repères, p. 68/1)

____

____

____

____

La France en direct: Le verlan

DELF **5** **a** *Lis le texte et coche les bonnes réponses.*

1.
- ☐ On parlait déjà le verlan au Moyen-Âge.
- ☐ Le verlan est né au 20e siècle.
- ☐ On parle le verlan depuis le début du 21e siècle.

2.
Le verlan, c'est
- ☐ la langue des jeunes.
- ☐ la langue de la publicité.
- ☐ un jeu avec les mots de la langue française.

verlan [vɛʀlɑ̃] *nom masculin.*
Jeu de langue qui fonctionne un peu comme un code: il renverse les syllabes d'un mot.
EXEMPLE: zicmu (musique).

D'après le dictionnaire de l'argot (Larousse), le verlan trouverait ses origines vers 1954. Il était alors orthographié «vers-l'en» (= l'envers). Le verlan est devenu très populaire dans les années 70–80 grâce notamment aux chansons de Renaud et aux bandes dessinées de Frank Margerin. L'arrivée du rap français à la fin des années 80, début 90 a véritablement systématisé l'emploi du verlan chez les jeunes avec certaines nouveautés comme l'emploi des mots monosyllabiques.
EXEMPLES: pas → «ap», vie → «ive», là → «al», ...

Il existe aussi le verlan du verlan.
EXEMPLES: arabe = beara = beur → beure → reube → reub;
femme → meuf → feumeu.

Souvent, on rajoute une voyelle ou un autre son pour que le mot «sonne» mieux.
EXEMPLES: sœur → reusda, reusdé (sœur = reus + da ou dé = reusda, reusdé).

Quelquefois, on enlève ou on transforme une voyelle.
EXEMPLES: mère = reumè –è = reum; père = reupè –è = reup.

Le verlan ainsi que d'autres créations du langage des jeunes ne plaisent pas qu'aux jeunes. Les médias, la publicité mais aussi les autres générations utilisent ces nouvelles expressions. Beaucoup de ces mots ont une vie très courte. D'autres entrent avec le temps dans le français standard.

D'après:
http://cobra.le.cynique.free.fr/
http://platea.pntic.mec.es/
http://bonjourdefrance.com

b *À l'aide du texte, trouve la signification des mots et expressions en français standard.*

1. le tromé ______
2. laisse béton ______
3. la teuf ______
4. la Cefran ______
5. un rebeu ______
6. la téci ______
7. T'es ouf! ______
8. chelou ______

c *Traduis le dernier paragraphe du texte. Écris dans ton cahier.*

Lecture: Nabil le nul

6 **a** *Lis le texte et cherche les mots que tu ne comprends pas dans un dictionnaire.*

Nabil, c'est un nul. Il a de l'acné et quand il était au collège, tous les jours ou presque il se faisait racketter son goûter à la récré. Une grosse victime. Moi, je préfère les héros comme dans les films, ceux qui font rêver les filles ... Depuis quelques semaines, Nabil vient chez moi de temps en temps pour m'aider dans mes devoirs. Ce type, il est trop ouf! Il croit qu'il connaît tout sur tout. La dernière fois, il a rigolé pendant trois quarts d'heure parce que je croyais que Zadig, c'était une marque de pneus. Comme il voyait que ça me faisait pas rire du tout, il a dit: «Nan, mais t'inquiète pas, je plaisante, c'est pas grave, dans la vie, y a les intellectuels et y a les autres ...» Bouffon.
Mais bon, je lui donne des circonstances atténuantes parce que ça doit pas être trop facile tous les jours d'avoir une reum comme la sienne. Elle est tout le temps sur son dos. Au début, je croyais que son prénom à Nabil c'était «Monfiss» parce qu'elle lui disait tout le temps ça. Elle le surveille à mort et veut tout savoir sur ses copines, sa vie privée etc.
L'autre soir, ce gros nul de Nabil est venu m'aider à faire mon devoir d'instruction civique. Le sujet: L'abstention pourquoi?
Avec Nabil le nul on en a discuté. Il pense par exemple qu'un mec de la cité du Paradis qui ne va plus à l'école depuis longtemps, qui n'arrive pas à trouver du boulot, ses parents ne travaillent pas et il partage sa chambre avec ses quatre petits frères, «Qu'est-ce qu'il en a à foutre de voter?» Il a raison, Nabil. Le type doit déjà se battre pour survivre au quotidien, alors son devoir de citoyen ... Mais moi, à dix-huit ans j'irai voter. Ici on n'a jamais la parole. Alors quand on nous la donne, il faut la prendre.
Bref, ce soir là, Nabil parlait et il bouffait tous mes crackers qui étaient sur la table. Je croyais qu'ils allaient faire la semaine mes crackers, mais bon, tant pis. Quand enfin ce nullard s'est décidé à dégager, il a tout à coup changé d'expression. Il a pris sa tête sérieuse, s'est avancé vers moi et m'a fait une bise sur la bouche. En vrai.
Non seulement il bouffe tous mes crackers mais en plus, il ose m'embrasser sur la bouche sans me demander mon avis! ...
Ça ressemble vraiment pas à ce que j'avais imaginé pour mon premier baiser. Non, moi je voyais plutôt ça dans un décor de rêve, au bord d'un lac, en forêt, au soleil couchant avec un super type qui ressemblerait un peu au mec qui joue la pub pour les vitamines.

D'après Faiza Guène: Kiffe kiffe demain.

b *Qu'est ce qu'on apprend dans le texte*
- *sur Nabil?*
- *sur la narratrice?*
- *sur le rapport entre la narratrice et Nabil?*

Réponds dans ton cahier.

c *Imagine la suite des relations entre Nabil et la narratrice.*

7

Fais l'exercice d'entraînement à la production orale, p. 80.

1 *Corrige les phrases.* (→ Texte, p. 65)

1. Une majorité de jeunes filles des quartiers nord sont délinquantes. ____________________
2. Dans l'ensemble, l'avenir de ces filles est de s'occuper de leur famille. ____________________
3. Amel Bent est une jeune rappeuse qui chante avec Diam's. ____________________
4. Elle chante depuis qu'un grand chanteur l'a découverte. ____________________
5. Ses chansons plaisent aux grands et aux petits. ____________________
6. Elle aime sa famille mais ne s'intéresse pas à ses origines. ____________________
7. Elle n'aime pas prévoir l'avenir et ne veut pas se marier. ____________________

2 ○ *Ils ne trouvent pas leurs affaires. Ajoute les pronoms c.o.d. et fais, si nécessaire, l'accord du participe passé.* (→ Repères, p. 68/2)

3 *Mets les verbes entre parenthèses au passé composé. Fais attention à l'accord du participe passé.*
(→ Repères, p. 68/2)

1. *Laetitia:* Ma sœur ______________ (déjà finir) de lire les deux romans que tu lui ______________ (offrir).
2. *Pauline:* Et quelle histoire est-ce qu'elle ______________ (préférer)?
3. *Laetitia:* Je crois qu'elle les ______________ (aimer) toutes les deux. Elles l'______________ (beaucoup toucher).
4. *Pauline:* Moi, j'______________ (préférer) l'histoire de Christophe Lambert. Le thème m'______________ (intéresser), je l'______________ (trouver) très original.
5. *Laetitia:* Quand est-ce qu'il ______________ (écrire) ce roman?
6. *Pauline:* Je crois qu'il l' ______________ (écrire) en 2006.
7. *Laetitia:* Combien d'histoires est-ce qu'il ______________ (déjà écrire)?
8. *Pauline:* Pfff ... Je ne sais pas ... Beaucoup en tout cas.

4 *Qu'est-ce qu'ils font? Finis les phrases et fais, si nécessaire, l'accord du participe passé.*
(→ Repères, p. 68/2)

1. Élisa écoute les CD / acheter ce matin.

   Élisa écoute les CD qu'elle a achetés ce matin.

2. Bryan pense aux jeunes / rencontrer au concert d'Amel Bent.

   ____

   ____

3. Morgane répond à la lettre / recevoir hier.

   ____

   ____

4. Paul parle du documentaire / voir hier soir à la télé.

   ____

   ____

5. Julie chante la chanson «Ma philosophie» / entendre à la radio.

   ____

   ____

6. Hugo pense au match de foot / voir avec son père dimanche.

   ____

   ____

7. Pierrick et Rémi mangent les crêpes / faire ensemble cet après-midi.

   ____

   ____

8. Lucie pense aux vacances / elle passer avec ses cousins.

   ____

   ____

5

Fais l'exercice auditif, p. 83.

6 *Utilise les expressions suivantes dans des phrases ou des mini-dialogues. Écris-les dans ton cahier.*

travailler comme un/e fou/folle faire tout son possible
rendre quelqu'un heureux un coup de foudre mon vœu le plus cher
ce que j'ai de plus précieux au monde être en colère

Réviser: Les pronoms relatifs «ce qui» et «ce que»

7 *Complète les phrases par* ce qui *ou* ce que/qu'.

3

Réviser: Le subjonctif

8 *Indicatif (passé composé) ou subjonctif? Complète les phrases.*

1. Louise: Nicolas n'est toujours pas là. J'espère qu'il __________ (ne pas oublier) notre rendez-vous.
2. Valentin: C'est vrai, c'est bizarre qu'il __________ (ne pas être) encore là. Il lui est peut-être arrivé quelque chose.
3. Arthur: Moi, je pense plutôt qu'il __________ (rater) le bus.
4. Julie: Il exagère! Lui, il déteste qu'on le __________ (faire attendre).
5. Valentin: Il faudrait peut-être qu'on lui __________ (téléphoner).
6. Louise: Tu as raison. C'est dommage qu'on __________ (perdre) notre temps à l'attendre.
7. Nicolas: Coucou! Salut! J'espère que vous __________ (ne pas m'attendre) trop longtemps.
8. Valentin: Ben, on n'est pas fâché que tu __________ (être) là.
9. Julie: Bon, allez, faites vite. Je suis sûre que les autres __________ (commencer) sans nous.

9 

Fais l'exercice auditif, p. 83.

10 *Regarde la France en direct sur le rap français, page 74. Fais un poster sur le genre de musique qui te plaît avec des photos et des commentaires en français pour ton/ta correspondant/e. Parle, entre autres, de ses origines et son histoire, de ses chanteurs, de l'actualité.*

La France en direct: Provence-Alpes-Côte d'Azur – une région à découvrir

11 **a** *Qu'est-ce qu'on peut faire et visiter dans cette région? Qu'est-ce qu'il faut voir? Écris dans ton cahier.*

b *Tu passes quelques jours en Provence avec ta famille. Prépare un programme. Écris-le dans ton cahier.*

Région: Provence-Alpes-Côte d'Azur, 4 500 000 habitants, 31 400 km²

Départements: Alpes-de-Haute-Provence, Alpes-Maritimes, Bouches-du-Rhône, Hautes-Alpes, Var, Vaucluse

Chef-lieu: Marseille

Particularités / Spécialités:
- première région touristique de France (mer, montagne, soleil)
- festival de théâtre d'Avignon, festival de cinéma de Cannes
- olives, huile d'olive, vin, lavande, fleurs, fabrication de parfum
- troupeaux de moutons, troupeaux de taureaux et de chevaux sauvages en Camargue
- vent: le mistral

Bilan autocorrectif

1 Vocabulaire

Complète les phrases.

1. Comment s'appelle l'□□□□□□□□□□ qui a construit la basilique de Marseille?
2. D'ici, on voit bien le vieux □□□□□ de l'île du Planier.
3. Dans cet ancien quartier, il y a des petites rues □□□□□□□□□□□□.
4. Il y a toujours du monde ici, c'est très □□□□□.
5. Sur la côte, il y a des endroits merveilleux, c'est un vrai □□□□□□□.
6. Vous pouvez faire de la plongée □□□□□□□□□□□.
7. Si vous voulez voir un match de foot avec l'OM, il faut □□□□□□□□ des places.

2 Qu'est-ce qu'on dit?

Réécris ces phrases en français standard.

1. On a pas mal causé.

____

2. C'est les gamins qui ont fait ça.

____

3. Ma reum, elle en a marre de mon désordre.

____

4. Pourquoi tu m'as pas dit la vérité?

____

3 Die Angleichung des Partizips Perfekt nach «avoir» L'accord du participe passé après «avoir»

Fais, si nécessaire, l'accord du participe passé.

1. Quand est-ce que tu as vu_____ Carla et Simon?
2. Mon père m'a offert_____ ces chaussures, mais je ne les ai encore jamais mis_____.
3. Julien pense à la fille qu'il a rencontré_____ à Paris-Plage.
4. Quelles chansons est-ce que vous avez préféré_____ ?
5. Combien de fruits est-ce que tu as acheté_____ pour le gâteau?
6. Est-ce que les enfants ont déjà fait_____ leurs devoirs?

4 Die indirekte Rede Le discours indirect

Un journaliste a interviewé Marinette Pichon, la première footballeuse française professionnelle. Voici quelques réponses de la footballeuse. Mets-les au discours indirect.

1 J'ai commencé ma carrière à Saint-Memmie Olympique.

2 J'ai joué en Amérique chez les Philadelphia Chargers, mais depuis l'automne 2003, je rejoue en France.

3 Mon équipe va jouer à Blackburn et on doit absolument gagner contre les Anglaises, car c'est la qualification pour la Coupe du monde.

4 La Coupe du monde féminine aura lieu en Chine.

5 Je pense arrêter ma carrière après la Coupe du monde.

1. Marinette Pichon a dit ______________________

2. Elle a raconté ______________________

3. Elle a expliqué ______________________

4. Elle a ajouté ______________________

5. Elle a dit ______________________

5 Faire faire et laisser faire

Traduis ces phrases.

1. Warum lässt du mich nie ausreden?

____

2. Meine Eltern lassen ihren Wein aus der Provence kommen.

____

3. Lassen dich deine Eltern abends ausgehen?

____

4. Der Sportlehrer hat uns wie verrückt rennen lassen.

____

Les solutions sont à la page 87.

(→ Mischaufgabe 3, S. 75)

DOSSIER 4 Le monde francophone: Le Maghreb

Approches

1 *Vrai ou faux? Coche les informations correctes et corrige les phrases fausses dans ton cahier.* (→ Texte, p. 76–77)

1. ☐ La Tunisie, l'Algérie et le Maroc se trouvent en Afrique de l'Ouest.
2. ☐ Les Arabes ont conquis ces régions au VIIe siècle et ont apporté leur religion: l'islam.
3. ☐ La majorité des habitants du Maghreb est musulmane.
4. ☐ Au XIXe siècle, les Français occupent la Tunisie, l'Algérie et le Maroc.
5. ☐ Ces pays retrouvent leur indépendance à la fin du XIXe siècle.
6. ☐ La langue officielle de la Tunisie, de l'Algérie et du Maroc est le berbère.
7. ☐ Le français est parlé dans ces trois pays.
8. ☐ L'espagnol est une langue parlée dans tous les pays du Maghreb.
9. ☐ Le statut du Maroc est une monarchie constitutionnelle.
10. ☐ Le roi du Maroc est Mohammed V.
11. ☐ La capitale du Maroc est Fès.
12. ☐ La monnaie du Maroc est le dinar.

2 *Complète.* (→ Liste des mots, p. 141)

[1]: Ce verbe veut dire «erobern».
[2]: C'est un synonyme de souvent.
Le [3] de la Tunisie et de l'Algérie est une république.
La Tunisie et le Maroc ont conquis leur [4] la même année.
L'Algérie a été une [5] française.
La [6] de la Tunisie est de 163 610 km².
Quelle est la langue [7] du Maroc?
La [8] de l'Algérie est le dinar algérien.
On appelle la [9] du Maghreb les Maghrébins.

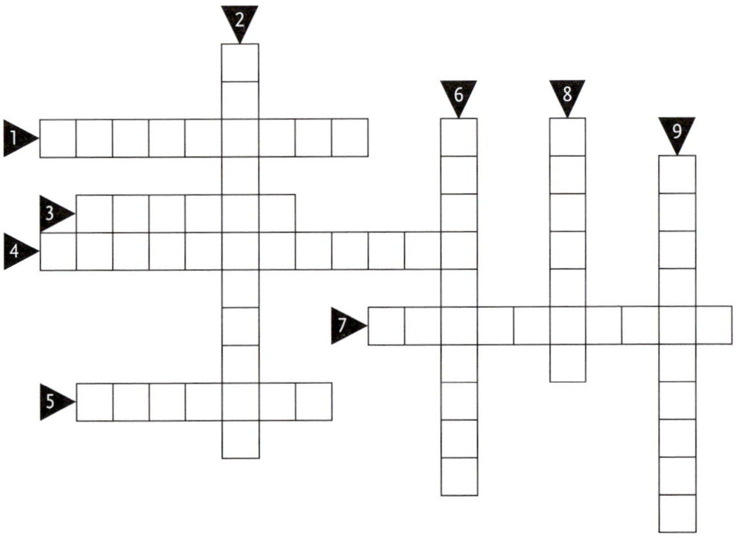

3 *Regarde ces photos du Maghreb. Y a-t-il un endroit où tu aimerais aller? Justifie ta réponse. Écris dans ton cahier.*

1 **a** *Qu'est-ce que tu apprends sur Essaouira?* (→ Texte, p. 78–79)

____

____

____

____

b *Relis chaque texte et note, pour chaque élève du lycée Mohammed V, trois à cinq mots qui te permettront de résumer leurs idées. Écris ces résumés dans ton cahier.*

2 *Des lettres et des mots: Forme le maximum de mots avec les lettres. Écris-les dans ton cahier. Tu peux ajouter des accents.* (→ Liste alphabétique, p. 142)

Exemple: prtrouaie

nombre de lettres

1	2	3	4	5	6	8	9	…
t	u							
t	a							
p	o	r	t					
t	r	o	p					
r	i	r	e					
p	o	r	t	e				
p	o	r	t	e	r			
p	o	r	t	e	r	a		
p	o	r	t	u	a	i	r	e

lctreeu – mnmntoue – hsptlroiaie – chmpnntaioa – mdstoee – ctrrouuie – ncrgreouae – dvlppmnteeoee – fnctnnroioaie – tlrncoeae – prsnnlteoaie

3 ◯ *Qu'est-ce qu'ils ont fait dimanche dernier? Réponds et utilise* après + *infinitif passé ou* avant de + *infinitif. Écris dans ton cahier.* (→ Repères, p. 89/5)

J'ai pris mon petit-déjeuner et je me suis douché. Après, j'ai envoyé des mails à mes copains. Et puis, j'ai pris le déjeuner avec toute la famille, mais avant, j'ai sorti le chien et on a couru sur la plage. Je suis sorti de table et j'ai regardé la télé tout l'après-midi.

Moi, je me suis levée tôt et j'ai fait du jogging dans la forêt. Quand je suis rentrée, j'ai pris ma douche et j'ai mangé quelque chose. Après, je suis allée chez une copine et on est allées voir «Pirates des Caraïbes». Après, on est revenues chez Clara, mais avant, on est passées prendre des affaires chez moi. Et on a préparé notre exposé d'allemand. On a fini de travailler à sept heures. Après, j'ai mangé chez Clara.

Moi, j'ai aidé mes parents au jardin. Après, j'ai lavé leur voiture pour me faire un peu d'argent de poche. J'ai mangé chez ma tante, mais avant, j'ai téléphoné à ma copine. L'après-midi, j'ai fait de la planche à voile. Le soir, après le repas, j'ai expliqué un exercice d'anglais à ma sœur et je me suis couchée tôt.

4 *Qu'est-ce qu'ils ont fait? Forme les phrases. Utilise* avant de + *infinitif ou* après + *infinitif passé.*
(→ Repères, p. 89/5)

5 *Trouve une fin possible à ces débuts de phrases. Utilise* avant de, pour *ou* sans + *infinitif ou* après + *infinitif passé.*
(→ Repères, p. 89/5)

1. Mes copains sont venus chez moi ________
2. Sabrina est partie ________
3. Avec ma sœur, on se comprend ________
4. Paul est sorti de chez lui ________
5. Marine a révisé ses cours ________
6. Tous les jours, je m'entraîne pendant une heure ________
7. C'est promis, je te téléphonerai ________
8. Mes parents nous ont emmenés à la gare ________

6 ○ *Forme les phrases. Utilise* ne … ni … ni. (→ Repères, p. 89/4)

il – savoir – lire – écrire

il – parler – anglais – français

elle – aimer – le poisson – la viande

il – écrire à – sa copine – sa grand-mère

elle – prendre – la voiture – le métro

ils – aimer – le rap – le hip-hop

1. ______________________________

2. ______________________________

3. ______________________________

4. ______________________________

5. ______________________________

6. ______________________________

7 ● *Traduis ces phrases. Utilise* ni … ni … ne/n'. (→ Repères, p. 89/4)

1. Weder meine Eltern noch meine Schwester haben den Film gesehen.
2. Weder ihre Freundin noch sie kennen die Lösung.
3. Weder meine Lehrer noch meine Eltern verstehen mich.
4. Weder mein Vater noch meine Mutter sprechen Englisch.
5. Weder Mathe noch Geschichte interessieren mich.
6. Wir haben uns verlaufen und weder meine Freunde noch ich hatten einen Stadtplan dabei.

8 *Exprime le contraire. Utilise* ne/n' … ni … ni *ou* ni … ni … ne/n'. (→ Repères, p. 89/4)

1. Nous connaissons la Tunisie **et** le Maroc.
2. Nous allons passer trois semaines au Maroc et nous parlons l'arabe **et** le berbère.
3. Julia **et** Maéva m'ont demandé de leur envoyer une carte postale.
4. Quand nous sommes partis, le bus **et** l'avion étaient à l'heure.
5. Mon petit frère a oublié son ours en peluche dans l'avion mais mes parents **et** moi avons réussi à le consoler.
6. Le premier jour, le guide nous a fait visiter la médina **et** le souk[1].
7. Mes parents ont voulu faire de la planche à voile **et** du surf.
8. Le climat[2] **et** la nourriture[3] ont plu à mon petit frère.
9. Quand on est rentrés, mes grands-parents **et** ma tante nous attendaient à l'aéroport.

1 **le souk** der Basar, der Suk *in arabischen Ländern* 2 **le climat** das Klima 3 **la nourriture** das Essen

9 **a** *Retrouve l'ordre des mots et écris les phrases dans ton cahier.*

b *Écris une petite histoire dans ton cahier. Essaie d'utiliser un maximum de négations de* **a**.

1. encore nous visité n' médina avons la pas
2. la connaissent père mère ni le Redwane ne de France ni la
3. partie qu' malheureusement une nous Maghreb vu n' du avons
4. ni connaissons Tunisie ne l' la Algérie ni nous
5. jamais Rabab a La Rochelle vu n'
6. au les personne oublie fête de Maroc n' jours
7. est il ta plus n' de planche vent y c' prendre a de inutile
8. trop n' hier chaud ai je qu'il rien faisait parce fait

10 *Relis ce qu'écrit Sana sur la famille et l'amitié. Qu'est-ce que tu en penses? D'après toi, quel rôle doivent jouer la famille et les amis? Justifie ta réponse. Écris dans ton cahier.*

1 *Raconte le conte «Isli et Tislit» en trois ou quatre phrases. Écris dans ton cahier.* (→ Texte, p. 82)

2 **a** *Souligne les formes au passé simple et note leur infinitif.* (→ Repères, p. 89/3)

Le conte «Isli et Tislit» est inspiré[1] de l'histoire des tribus berbères qui étaient toujours en guerre: Isli et Tislit connurent l'affreuse destinée[2] de mourir sans pouvoir s'aimer. Après leur mort, leurs parents eurent des remords et décidèrent de changer. Une fois par an, ils permirent à leurs enfants de se rencontrer pour se choisir librement. Les jeunes gens prirent donc l'habitude de venir en septembre à Imilchil pour se marier et c'est ainsi que naquit cette fête qui devint très vite populaire[3].

1 **être inspiré de qc** auf etwas beruhen
2 **la destinée** das Schicksal
3 **populaire** beliebt

b *Réécris ce texte dans ton cahier et mets les formes du passé simple au passé composé.*

3 **a** *Coche la bonne solution.* (→ Liste alphabétique, p. 149)

1. Avoir du chagrin, c'est:
- ☐ avoir envie de rire.
- ☐ pleurer.
- ☐ être triste.

2. Encourager qn, c'est:
- ☐ être courageux.
- ☐ donner du courage.
- ☐ perdre son courage.

3. Mourir est le contraire de:
- ☐ respirer.
- ☐ souffrir.
- ☐ vivre.

4. Refuser de faire qc, c'est:
- ☐ interdire de faire qc.
- ☐ ne pas vouloir faire qc.
- ☐ accepter de faire qc.

5. Être désespéré, c'est:
- ☐ avoir un peu d'espoir.
- ☐ être très malheureux.
- ☐ tout perdre.

6. Debout est le contraire de:
- ☐ assis/e.
- ☐ fatigué/e.
- ☐ en bas.

7. Être vif, c'est:
- ☐ avoir de la vie (mouvements, réactions).
- ☐ être lent.
- ☐ être agressif.

8. Convaincre qn, c'est:
- ☐ réussir à lui faire faire ou penser qc.
- ☐ le supplier de faire qc.
- ☐ le faire venir.

9. Rappeler qc à qn, c'est:
- ☐ lui retéléphoner.
- ☐ lui dire de retéléphoner.
- ☐ lui redire qc ou lui faire revenir qc à la mémoire.

b *Forme une phrase dans ton cahier avec chaque mot de* **a** .

Réviser: Les verbes pronominaux et les temps du passé

4 *Mets les verbes entre parenthèses à l'imparfait ou au passé composé.*

1. Frédéric et Sabine ______________________ (ne plus s'entendre) et ______________________ (se disputer) tout le temps, alors, un jour, ils ______________________ (se séparer).
2. Pendant la guerre, mes grands-parents ______________________ (se réfugier) dans la montagne et ils ______________________ (se cacher) dans une grotte[1].
3. Ma sœur et sa copine ______________________ (ne pas se voir) pendant toutes les vacances, mais elles ______________________ (s'appeler) tous les jours.
4. Il était une fois deux jeunes gens qui ______________________ (s'aimer). La jeune femme ______________________ (s'appeler) Juliette. Malheureusement, ils ______________________ (ne pas se marier), car c'était impossible.
5. Sophie, est-ce que tu ______________________ (s'amuser) à la fête de Lila?
6. Hier, Marc et moi, nous ______________________ (se coucher) sur le sable pour nous détendre et nous ______________________ (s'endormir) en plein soleil.

1 **la grotte** die Höhle

Réviser: Les pronoms *y* et *en*

5 *Complète le dialogue par* en *ou* y.

– Est-ce que tu es déjà allé au Maghreb?

– Non, je n'______ suis jamais allé. Mais j'______ partirai sûrement un jour. Et toi?

– Moi, j'______ vais chaque année avec ma famille. On va en Tunisie, à Monastir, la ville natale de mes parents. On ______ passe les grandes vacances. On habite chez mes grands-parents. Autrefois, ils vivaient en France, mais ils ______ sont partis dans

les années 90. Quand je suis là-bas, je passe mon temps à aller voir la famille. J'______ ai énormément d'oncles et de tantes.

– Ils habitent tous à Monastir?

– Non, j'ai de la famille à Sousse, ce n'est pas loin de Monastir. On ______ part le matin et on ______ revient le soir ou le lendemain. Quand on va chez eux, on passe notre temps à table et on ______ repart avec un tas de cadeaux! Ils sont super hospitaliers.

– Oh, je connais ça avec ma famille. Moi, je suis d'origine italienne. Quand je suis à Naples, on passe aussi notre temps à table. On n'______ sort que pour s'______ remettre une heure plus tard!

L'Afrique du Nord en direct: Les Berbères

6 **a** *Lis ce texte et cherche les mots que tu ne comprends pas dans un dictionnaire français-allemand.*

Le nom «berbère» vient de «barbarus» et a été donné par les Romains à tout ce qui n'était pas de culture romaine. Ils n'ont jamais réussi à soumettre ce peuple même après la prise de Carthage au Ve siècle, d'où leur nom. Les Berbères se donnent le nom d'«Imazighen», qui veut dire «hommes libres». La population berbère dans le monde est d'environ 25 millions: 12 millions d'entre eux vivent au Maroc, 8 millions en Algérie et plus d'un million en France. La culture berbère est aussi présente en Libye, en Tunisie et dans une grande partie du Sahara où vivent les Touaregs, un groupe de Berbères nomades.
La culture et les langues berbères ont survécu depuis les grandes conquêtes vandales, romaines, byzantines, arabes jusqu'à l'occupation française. Leur culture est essentiellement orale et se perpétue par la chanson, le folklore et les contes. L'art berbère (bijoux, tapis, céramique) se caractérise par des décors géométriques.

b *Explique à un copain / une copine ce que tu viens de lire sur les Berbères.*

Lecture: Robert Desnos

7 **a** *Lis ce poème. Comment le comprends-tu? Réponds dans ton cahier.*

b *Apprends ce poème par cœur. Tu peux aussi l'illustrer et/ou le mettre en musique pour le chanter.*

Il était un grand nombre de fois
Un homme qui aimait une femme
Il était un grand nombre de fois
Une femme qui aimait un homme
Il était un grand nombre de fois
Une femme et un homme
Qui n'aimaient pas celui et
Celle qui les aimaient

Il était une fois
Une seule fois peut-être
Une femme et un homme
Qui s'aimaient

Robert Desnos: Extrait de Destinée arbitraire (Les Nuits blanches)

1 *Classe le vocabulaire par thème. Il peut y avoir plusieurs possibilités. Écris dans ton cahier.*
(→ Liste alphabétique, p. 146)

le verger   le rosier   le tissu   le jardin   le tapis   l'oranger   le désert   l'olivier   le rempart
l'arbre   le marchand   la mosquée   la fleur   le minaret   le palais   le laurier-roses
le paradis   le musicien   la médina   la sécheresse   le souk   le charmeur de serpents
la boutique   le bijou   l'espace vert   le conteur   le palmier   l'acrobate

climat et géographie	végétation	religion	ville	spectacles

2 **a** *Résume le récit de voyage de Sylvie. La liste de vocabulaire (exercice 1) va t'aider.* (→ Texte, p. 84–85)

____

____

____

____

____

____

b *Quelles phrases du récit montrent clairement que Sylvie aime Marrakech et son ambiance? Écris-les dans ton cahier.*

3 *Que représentent ces photos? Trouve une légende pour chaque photo. Écris-les dans ton cahier.*

4 

Fais l'exercice auditif, p. 84.

5 *Utilise ces diagrammes et ces mots clés pour présenter le Maroc. Écris en toutes lettres.* (→ Repères, p. 88/1)

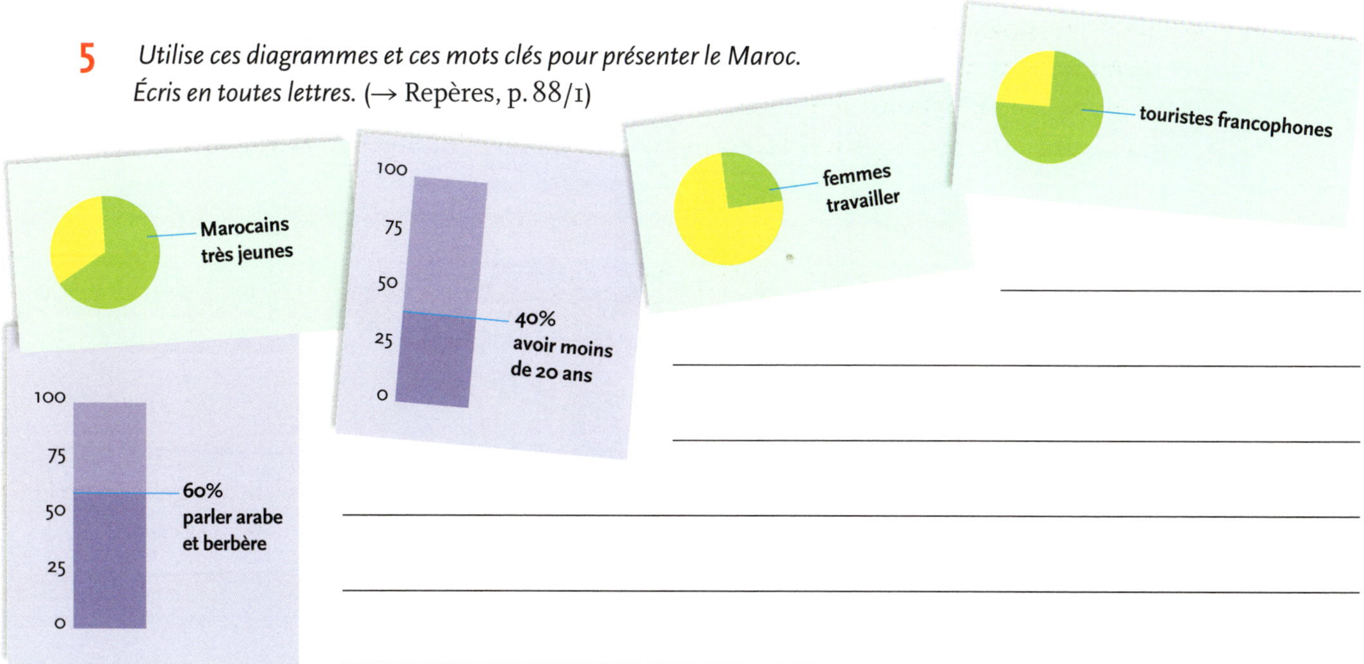

6 

Fais l'exercice d'entraînement à la production orale, p. 81.

7 ○ *Réécris les phrases en mettant les adverbes à la bonne place.* (→ Repères, p. 88/2)

1. Quand on est arrivés à Agadir, on a cherché un hôtel.	aussitôt
2. On en a trouvé un dans le centre.	vite
3. Agadir nous plaît parce qu'on peut y faire toutes sortes d'activités.	beaucoup
4. Marion va au souk parce qu'elle sait marchander les prix.	souvent / bien
5. On va rester trois jours à Agadir.	encore
6. On se souviendra de notre séjour au Maroc.	longtemps

8 ● *Ton/Ta correspondant/e est en Allemagne et ne comprend pas toujours ce que disent tes camarades. Traduis ce qu'ils disent pour lui/elle. Fais attention à la place de l'adverbe!* (→ Repères, p. 88/2)

Réviser: Parler du temps

9 *Décris le temps qu'il peut faire au Sahara.*

1 **la pluie** der Regen

10 **a** *Lis ce texte et cherche les mots que tu ne comprends pas dans un dictionnaire.*

b *Présente Malika Oufkir et sa famille. Écris dans ton cahier.*

c *Est-ce que Malika a vécu une enfance heureuse? Justifie ta réponse.*

d *Est-ce que ce passage te donne envie de lire la suite? Explique pourquoi.*

Le Palais royal

Malika Oufkir, née en 1953 au Maroc, est la fille du général Oufkir qui était un proche confident du roi du Maroc Hassan II pendant les années soixante. Après avoir tenté un coup d'État en 1972, le général Oufkir est arrêté et exécuté, et toute sa famille envoyée dans une prison secrète dans le désert du Sahara. Malika et sa famille passent 18 ans en prison. Malika Oufkir vit actuellement à Paris. Elle a écrit, avec l'auteur Michèle Fitoussi, «La Prisonnière» qui est le récit de sa vie. Voici un extrait où elle parle de son enfance et raconte comment, en 1958, le roi Mohammed V, qui voulait une sœur pour sa fille, la princesse Lalla Mina, l'a adoptée.

«De ma petite enfance, je n'ai que des souvenirs heureux. Mes parents m'entouraient d'amour. Je voyais peu mon père. Il rentrait tard, s'absentait souvent. Sa carrière avançait vite. Mais quand il était à la maison, il savait me démontrer combien il m'aimait. Son absence ne me pesait pas. Le centre du monde était maman. Je l'aimais et l'admirais. Elle était belle, raffinée, l'exemple même de la féminité. [...]

Ma famille était proche de la famille royale. Mes parents étaient les seuls étrangers au Palais autorisés à y pénétrer et à se promener partout. Mon père, chef des aides de camp du roi, avait gagné la confiance de Mohammed V. Maman, elle, connaissait le roi depuis l'enfance. [...]

J'avais cinq ans quand maman m'a emmenée pour la première fois au Palais. Les deux épouses du roi et toutes ses concubines insistaient pour me connaître. [...]

Le roi Mohammed V fit son entrée dans la salle à manger du côté gauche, comme le voulait la coutume. Quand son tour fut venu de le saluer, maman lui baisa la main et me présenta à lui. Il me prit simplement dans ses bras et prononça quelques paroles gentilles. Tout le monde prit alors place autour des tables et le roi s'installa seul à la sienne. Le repas fut servi par des esclaves. [...]

À la fin du repas, Mohammed V s'avança vers maman:

– Fatéma, je vais te demander quelque chose que tu ne pourras pas me refuser, lui dit-il [...] Je désire adopter Malika. Mais je te promets que tu pourras la voir quand tu voudras.

L'adoption était chose commune au Palais. Les concubines sans enfants adoptaient des orphelines, des petites déshéritées, des victimes de tremblements de terre. D'autres fillettes arrivaient à l'adolescence pour devenir demoiselles de compagnie. Mais il était rare qu'un enfant adopté par un souverain devienne, comme moi, presque l'égal d'une princesse.

[...] Ce qui a suivi est demeuré confus dans ma mémoire, comme si j'avais été victime d'un enlèvement. Je me souviens que ma mère partit précipitamment, qu'on me prit et qu'on me conduisit en voiture à la villa Yasmina, où vivaient Lalla Mina et sa gouvernante, Jeanne Rieffel.

M'arracher à ma mère, c'était m'arracher la vie. J'ai pleuré, hurlé, trépigné. La gouvernante m'installa de force dans la chambre d'amis et m'enferma à double tour. J'ai sangloté toute la nuit. [...]

Avec le temps, cette séparation était devenue un état de fait que j'acceptais, malgré mon chagrin. J'aimais tellement ma mère, je souffrais tant d'être loin d'elle, que chacune de ses visites était un terrible supplice. Les rares fois où elle passait me voir, elle arrivait à midi et repartait à deux heures. Quand la gouvernante m'annonçait sa venue, j'éprouvais une joie qui n'avait d'égale que la peine immédiate qui l'accompagnait. La nuit qui précédait sa visite, je ne dormais pas; le matin, je ne travaillais pas en classe. Les heures semblaient interminables.»

D'après Malika Oufkir et Michèle Fitoussi: La Prisonnière, Éditions Grasset et Fasquelle, Paris 2000

e *Traduis le premier paragraphe du texte dans ton cahier (l. 1–13).*

Bilan autocorrectif

1 Vocabulaire

Complète la carte d'identité de l'Algérie.

_______________ : Alger

_______________ : 2 381 741 km²

_______________ : 33 millions d'habitants

_______________ : République

Langue _______________ : arabe

Langues _______________ : arabe, _______________, français

_______________ : Islam, minorités _______________ et _______________ .

_______________ de la France: le juillet 1962

_______________ : Le dinar algérien

_______________ : Tahat (2918 m)

_______________ internet: .dz

2 Qu'est-ce qu'on dit?

Traduis ces phrases.

1. Ein Viertel der Marokkanerinnen arbeitet.

____

____

2. Acht von zehn Frauen sind Hausfrauen.

____

____

3. Die meisten Touristen versuchen die Preise auszuhandeln.

____

____

4. Zwei Drittel der Marokkaner sind sehr jung.

____

____

5. Vierzig Prozent sind unter zwanzig.

____

____

6. Drei Viertel der Händler verkaufen Teppiche oder Stoffe.

____

____

3 La place de l'adverbe

Mets les adverbes à la bonne place.

1. D'habitude, ______ je me lève ______ , mais hier, je me suis ______ levé ______ .	tôt / tard
2. Quand il a appris que sa copine avait réussi à son examen, il lui a ______ téléphoné ______ .	aussitôt
3. Dans les souks, il faut ______ essayer ______ de marchander les prix.	toujours
4. Il ______ parle ______ l'arabe, mais il a ______ su ______ se faire comprendre.	mal / bien
5. Elle a ______ compris ______ qu'elle s'était trompée.	vite
6. Mes copains vont ______ rentrer ______ de Tunisie.	demain

4 Le passé simple

Réécris ces phrases. Remplace les formes au passé simple par des formes au passé composé.

1 *Les Arabes conquirent l'Afrique du Nord, qui était habitée par les Berbères, au VIIe siècle et appelèrent cette région «Djazirat Al Maghrib».*
2 *Ceux-ci y apportèrent leur culture et leur religion, l'islam, qui devint la religion de la plupart des habitants du Maghreb.*
3 *La culture et les langues berbères survécurent à l'occupation[1] arabe.*

1 **l'occupation** *f.* die Besatzung

______

______

______

______

______

5 Die Verneinung „ne … ni … ni“ und „ni … ni … ne“ La négation «ne … ni … ni» et «ni … ni … ne»

Réponds à ces questions à la forme négative.

1. Est-ce que vos copains viendront samedi **et** dimanche?

____

2. Est-ce que Ninon **et** Bastien ont pu vous aider?

____

3. Est-ce que les élèves **et** leur professeur ont aimé l'excursion?

____

4. Est-ce que Sophie sait faire le taboulé **et** le couscous?

____

5. Est-ce que Hassan parle le berbère **et** l'arabe?

____

6. Est-ce que son père **et** sa mère parlent l'arabe?

____

6 Der Infinitivsatz La phrase infinitive

Traduis ces phrases.

1. Jeden Morgen nach dem Frühstück geht Léo in die Schule.

____

____

2. Bevor er hinausgeht, packt er seine Tasche.

____

3. Nach ihrer Ankunft in Marrakesch wollte Lili das Zentrum besichtigen.

____

4. Bevor sie diese Reise angetreten ist, hat sie sich gut über das Land informiert. (se renseigner sur qc)

____

Les solutions sont à la page 88.

(→ Mischaufgaben, S. 73–75)

Mischaufgabe 1 (Diese Übung setzt die Inhalte von Dossier 1 voraus.)

Complète.
[1] *Trouve le contraire des mots soulignés et réécris les phrases.*
[2] *Mets le verbe entre parenthèses à la forme exigée par le contexte.*
[3] *Mets l'article partitif.*
[4] *Trouve le mot qui convient. Transforme-le si nécessaire.*

cruel expérience poser sa candidature redoubler risquer

Max: C'est trop cool, le casting de la Star Ac' est ouvert. Super! Je vais ____________________ [4]. Cette année, il n'y a pas ________ [3] limite d'âge. C'est la chance de ma vie pour devenir célèbre un jour. Tout le monde chante mieux que moi. [1] ____

Père: Et l'école? Qu'est-ce que tu fais de l'école? Tu veux ________ [4]? Tu as tout fait cette année. [1] ____________________________ Tu trouves que tu es assez bon élève avec toutes les mauvaises notes que tu as?

Max: Si j'étais bon en sciences, je ________________ [2] *(devenir)* médecin et cela vous ________________ [2] *(plaire)* beaucoup, je sais. Mais moi, je voudrais devenir chanteur.

Mère: Alors, comme ça, tu t'imagines que tu vas réussir ... Tout le monde réussit sans rien faire. [1] ____ Et si tu ne ________ [2] *(faire)* pas ________ [3] progrès très rapides, tes nouveaux «camarades» t'élimineront. Et après, tu auras tout. [1] ________________________

Max: Mais enfin, il faut savoir ________________ [4] quelque chose dans la vie! Vous risquez tout. [1] ____

Père: N'exagère pas! Si tu ______________ [2] *(avoir)* de bonnes notes, tous diraient quelque chose. [1] ..., ____

Max: Écoute, papa, si je fais ce que j'aime vraiment, je ________________ [2] *(réussir)* et je ne ________________ [2] *(être)* pas éliminé.

Mère: Mais si tu ne ________________ [2] *(réussir)* pas, ce sera trop ______________ [4] pour toi.

Père: Et puis, si tu ________________ [2] *(avoir)* plus de / d'________________ [4], tu aurais plus ________ [3] chances de réussir. Si seulement tu ________________ [2] *(savoir)* combien il faut travailler pour être star.

Mischaufgabe 2 (Diese Übung setzt die Inhalte des Dossier 2 voraus.)

Complète. Mets:

[1] *le mot entre parenthèses à la forme exigée par le contexte (adjectif ou adverbe);*
[2] *le verbe au mode exigé par le contexte;*
[3] *le pronom relatif qui convient;*
[4] *le mot qui convient. Transforme-le si nécessaire.*

apprécier   ça vaut le coup   dans l'ensemble   lycée   lycéen   semaine

Chère Catherine,

Je suis arrivée il y a trois __________ [4] en Allemagne, à Munich. Mon premier jour au __________ [4] a été __________ [1] *(dur)*. Mais je suis heureuse qu'il y __________ [2] *(avoir)* des profs qui parlent __________ [1] *(courant)* français. Je/J' __________ [4] beaucoup le système scolaire allemand. Ici, les cours se passent __________ [1] *(différent)*. J'ai cours __________ [1] *(seul)* le matin.

On sort __________ [1] *(pratique)* tous les soirs. Munich me plaît __________ [1] *(énorme)*. C'est une ville __________ [3] les monuments sont très beaux. Il y a par exemple l' __________ [1] *(énorme)* cathédrale «Frauenkirche» __________ [3] est le symbole de la capitale bavaroise et dans __________ [3] il y a de la place pour 20 000 personnes! Il y a aussi le Jardin anglais __________ [3] je vais souvent. Je m'entends très __________ [1] *(bon)* avec ma «famille» avec __________ [3] je suis allée à Regensburg. Là-bas, nous sommes allés voir une pièce de Molière dans __________ [3] jouaient des étudiants allemands. Vers la fin de l'année, il y aura une compétition de football entre tous les __________ [4] de Munich. Il faudrait __________ [1] *(vrai)* qu'on __________ [2] *(gagner)*!

__________ [4], je trouve merveilleux que tout __________ [2] *(aller)* aussi bien. Mais je regrette que tu ne __________ [2] *(être)* pas ici parce qu'on s'amuse bien. J'aimerais que tu __________ [2] *(connaître)* toutes mes nouvelles copines allemandes. C'est super que mes parents __________ [2] *(venir)* le week-end prochain. Finalement, cet échange est très __________ [1] *(intense)*, mais __________ [4].

Je t'embrasse très fort, Sophie

Mischaufgabe 3 (Diese Übung setzt die Inhalte des Dossier 3 voraus.)

Complète. Mets:

[1] *les formes des verbes du discours direct au style indirect selon le contexte;*
[2] *les participes passés des verbes et accorde-les;*
[3] *le mot qui convient. Transforme-le si nécessaire.*

délinquant grandir jusqu'à présent réaliser représenter

Une journaliste raconte son interview avec Azouz Begag, un célèbre écrivain d'origine arabe.

J'ai longtemps parlé avec Azouz Begag. Il m'a raconté que ses parents ______________ [1] *(viennent)* d'Algérie et qu'il avait ______________ [3] dans l'univers des banlieues de Lyon. Il m'a expliqué qu'après le bac, il ______________ [1] *(j'ai eu)* plus de possibilités que les autres et qu'il les avait ______________ [2] *(avoir)* parce qu' ______________ [1] *(j'adore)* lire. Il m'a raconté qu'aujourd'hui, il ______________ [1] *(j'écris)* des livres pour parler de son enfance et que dans tous ses livres il ______________ [1] *(je défends)* les jeunes des cités. Ces jeunes habitent dans les banlieues qu'on a souvent ______________ [2] *(voir)* à la télé pendant les dernières émeutes. Azouz m'a expliqué que nous ______________ [1] *(nous vivons)* dans une société où l'argent ______________ [3] une valeur[1] absolue et que beaucoup de pauvres devenaient ______________ [3] pour avoir de l'argent. Il a expliqué qu'ils ______________ [1] *(ils prennent)* l'argent pour un signe d'intégration[2]. J'ai voulu savoir ce qu'il ______________ [1] *(vous avez fait)* ______________ [3] pour changer la situation des jeunes et il m'a dit qu'il ne ______________ [1] *(je peux)* rien faire seul. Mais il a ajouté qu'il ______________ [1] *(je voudrais)* que tout le monde ______________ [3] que lire ______________ [1] *(il est)* important. Il m'a expliqué que c'était le rôle qu'il avait ______________ [2] *(choisir)*.

1 **la valeur** der Wert 2 **l'intégration** *f.* die Integration

Règles du jeu Spielregeln

Ihr könnt dieses Spiel zu dritt, zu viert oder zu fünft spielen. In jeder Gruppe übernimmt ein/e Spieler/in die Rolle des Spielleiters. Zum Spielen braucht ihr einen Würfel und einen Stein (oder einen Knopf) pro Spieler/in. Die Spieler decken die Seite mit den Lösungen ab und haben das Spielbrett vor sich (→ S. 77), der Spielleiter hat die Fragen mit den Lösungen vor sich (→ S. 76). Jede/r Spieler/in würfelt der Reihe nach. Der Spielleiter liest die entsprechende Frage vor und überprüft die Antwort mit Hilfe der Lösungen. Ist eine Antwort nicht richtig, so kehrt der Spieler / die Spielerin zu dem Feld zurück, von dem er/sie gewürfelt hat. Wer als erste/r am Ziel angekommen ist, hat gewonnen.

Gymnastique: Grammaire

	Questions	*Réponses*
1	Quel est le participe passé des verbes devenir, conquérir, devoir, pouvoir, lire?	devenu, conquis, dû, pu, lu
2	Mets au futur simple: «Je rentre chez moi et je fais mes devoirs, ensuite, je vais en ville.»	Je rentrerai chez moi et je ferai mes devoirs, ensuite, j'irai en ville.
3	Mets les verbes au temps qui convient: «Quand j'*(être)* petit, j'*(habiter)* à la campagne.	Quand j'étais petit, j'habitais à la campagne.
4	Trouve la bonne forme: «Je cherche mes lunettes. Où est-ce que tu les as *(mettre)*?»	Où est-ce que tu les as mises?
5	Complète: «Manon habite [?] France, [?] Montreuil, [?] la banlieue parisienne.»	en, à, dans
6	Mets au passé: «Max me dit qu'il n'a pas pu venir, mais qu'il viendra bientôt.»	Max m'a dit qu'il n'avait pas pu venir mais qu'il viendrait bientôt.
7	Traduis: «Meine Schwester ist gestern angekommen.»	Ma sœur est arrivée hier.
8	Dis le contraire: «Il connaît l'Algérie et le Maroc.»	Il ne connaît ni l'Algérie ni le Maroc.

Ping-pong: Parlons français

1	Trouve le contraire: terminer, fermer qc, jeune	commencer, ouvrir qc, vieux/vieille
2	Trouve un synonyme: avoir peur, constamment	craindre, toujours
3	Trouve une définition: ajouter qc / motiver qn	mettre quelque chose en plus, lui donner envie de faire ou continuer quelque chose
4	Dis-le autrement: «Elle est déprimée.»	Elle n'a pas le moral. / Elle a le cafard.
5	Du findest, dass etwas dich nichts angeht.	Ça ne me regarde pas.
6	Du sagst, dass du gut schwimmen kannst.	Je sais bien nager.
7	Du hast Durst und Hunger.	J'ai soif et j'ai faim.
8	Dis-le autrement: «Je ne peux pas vivre sans mon portable.»	Je ne peux pas me passer de mon portable.

Foot: La France et les Français

1	Nomme quatre endroits qu'on peut visiter à Marseille.	Par exemple: la Canebière, le vieux port, la basilique Notre-Dame-de-la-Garde, le Panier
2	Quel est le nom du philosophe qui a donné son nom à un programme d'échanges?	Voltaire
3	Louis XVI a signé l'Édit de Nantes. Vrai ou faux?	Faux. (le roi Henri IV)
4	Comment est-ce qu'on appelle le XVIIIe siècle?	Le «Siècle des Lumières».
5	En quelle année a eu lieu la Révolution française?	Elle a eu lieu en 1789.
6	Nomme trois pays du Maghreb.	L'Algérie, le Maroc, la Tunisie.
7	Quelle est la monnaie de la Tunisie?	Le dinar tunisien.
8	Quelle est la capitale du Maroc?	Rabat.

Grammaire:
Tu réponds à une question de grammaire.

Parlons français:
Tu réponds à une question de vocabulaire ou d'expression.

La France et les Français:
Tu réponds à une question de civilisation.

Tu es en forme.
Avance de deux cases.
Rück zwei Felder vor!

Tu fais du yoga.
Tu passes un tour.
Du setzt einmal aus.

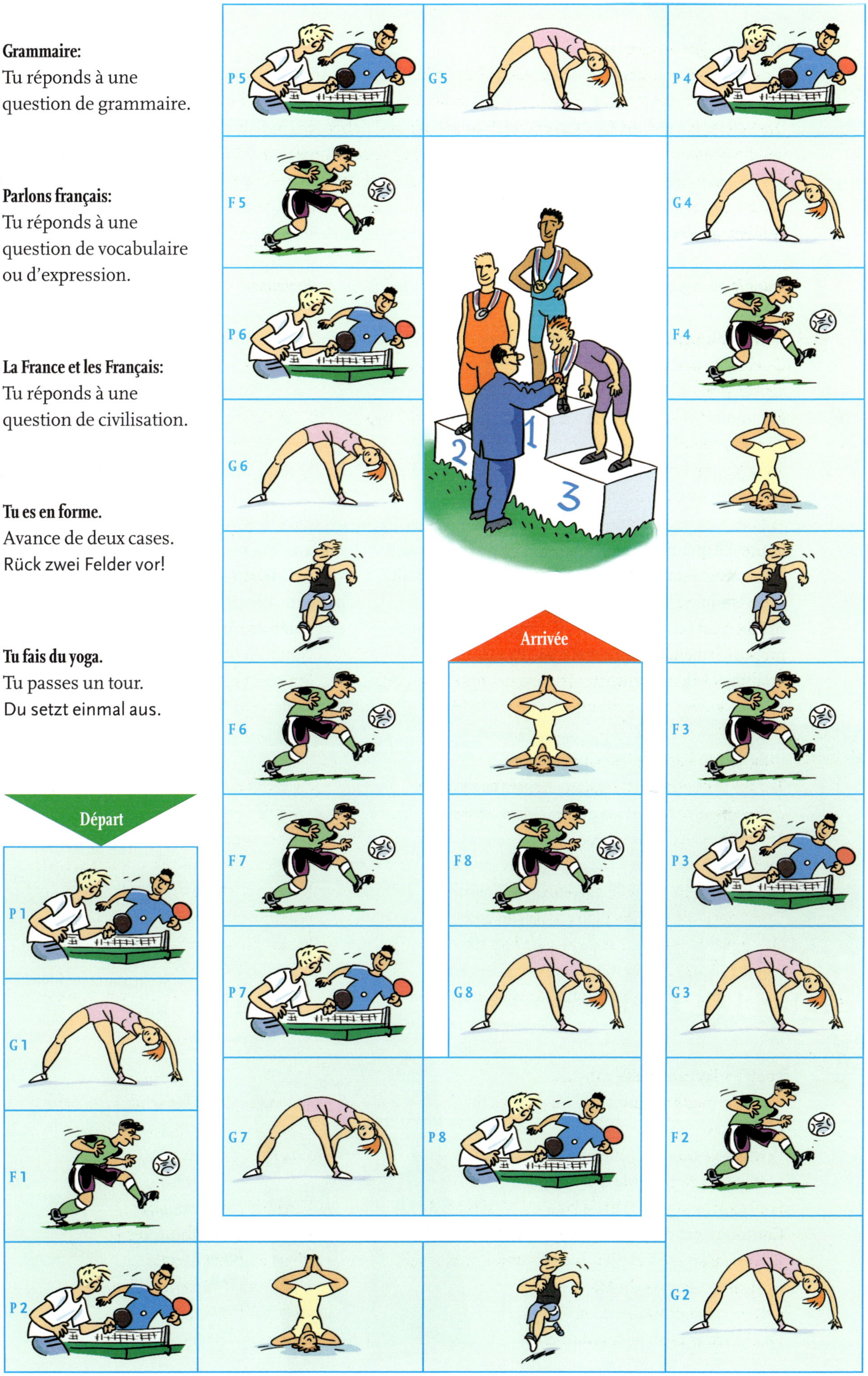

Entraînement à la production orale

DELF **1** ►◄ *Faites ces exercices à deux: Voisin A et Voisin B.*

2 *Préparez les dialogues. N'écrivez pas de phrases complètes, seulement des mots-clés.*

3 *Jouez le dialogue, ne lisez pas vos phrases, parlez le plus librement possible.*

4 *Après le dialogue, discutez de vos problèmes et réfléchissez ensemble à une méthode pour vous améliorer.*

Dossier 1 / Séquence 4 / Exercice 7

Voisin A

Jeune Allemand/e / Autrichien/ne qui est dans une librairie en France pour acheter un livre à son frère / sa sœur qui sait le français et adore lire.
Il/Elle n'est pas tout de suite d'accord avec les propositions du libraire et dit pourquoi.
À la fin, il/elle choisit ___ .

Voisin B

Libraire qui pose des questions sur la personne qui va lire le livre et conseille le client / la cliente: il/elle présente plusieurs livres et dit pourquoi ils peuvent être intéressants.

Christophe Lambert
La loi du plus beau
Science-fiction: Peu à peu, la dictature de la beauté* s'est imposée dans notre société. En 2031, les gens sont classés en catégories qui vont du 1 (très, très moche) au 5 (très, très beau). Karol, 22 ans, a bien réussi ses études, mais elle n'est que catégorie 3 …

Anne-Laure Bondoux
La vie comme elle vient
La vie les a séparées. Patty, 22 ans, quitte la maison pour trouver un travail et être avec son copain. Mado, 15 ans, vit chez ses parents. Leur mort, dans un accident de voiture, rapproche les deux sœurs. Pour l'instant Patty s'occupe de sa sœur. Elles sont très différentes, mais elles s'entendent très bien. Est-ce que Mado pourra continuer à vivre chez sa sœur?

Jeanne Benameur
Une heure, une vie
Les parents d'Aurélie sont séparés. La jeune fille en est très malheureuse. Elle se pose beaucoup de questions sur l'amour, mais n'arrive pas à en parler. Alors, chaque fois qu'elle rentre de week-end chez son père, elle s'invente une vie différente …

* **la beauté** die Schönheit

Florence Seyvos
Comme au cinéma
Éric veut faire des films. Il est amoureux de Cécile qui doit jouer dans ses futurs films. Mais Cécile tombe amoureuse d'un Allemand et veut partir avec lui pour l'Allemagne. Quelle va être la réaction d'Éric?

Tito
Tendre banlieue
Photos volées
Dans cette nouvelle bédé de Tito, on retrouve la banlieue, ses drames, sa violence, mais aussi une nouvelle aventure pleine d'émotions, d'amitié et d'amour.

Il/Elle (n') aime (pas) ___ .
Il/Elle a horreur de ___ .
Il/Elle s'intéresse à ___ .
C'est (trop) ___ . Ce n'est pas (assez) ___ .
Ça (ne) va (pas) ___ . À mon avis, ___ .
Ça fait ___ . ___

Ce livre raconte l'histoire de ___ .
L'histoire se passe à / en ___ .
Au début, / À la fin, ___ .
Il y a du suspense / de l'action.
C'est bien écrit. ___

Dossier 2 / Séquence 3 / Exercice 11

Voisin A

Jeune Allemand/e / Autrichien/ne qui est en France et participe au programme Brigitte Sauzay.
Il/Elle rencontre un/e jeune Français/e.
A répond aux questions de B sur sa région.
A donne aussi son avis sur une participation à un programme d'échange.

découvrir admirer aller voir/entendre/___
visiter il faut ___ se promener
se balader prendre ___ réserver ___
À mon avis, ___ . Je trouve que ___ . ___

Voisin B

Jeune qui s'intéresse à l'Allemagne / l'Autriche et aimerait y passer des vacances avec ses parents.
Voisin B pose des questions à Voisin A sur sa région/ville et ce qu'on peut y visiter. B voudrait peut-être participer au programme d'échange. Il/Elle pose des questions à A et lui demande son avis.

Qu'est-ce que tu penses de ___ ?
Est-ce que tu sais si ___ ?
Comment est-ce que tu trouves ___ ?
Qu'est-ce qu'il faut faire pour ___ ? ___

Voisin A

Élève en voyage de classe à Marseille.
Il/Elle se perd. Il/Elle explique sa situation et demande son chemin à un/e passant/e.
Il /Elle ne comprend pas très bien les explications.
A raconte ce qu'il/elle a déjà fait / va faire à Marseille.

Voisin B

Jeune Marseillais/e qui indique le chemin à l'élève perdu/e.
Voisin B accompagne* Voisin A. Voisin B veut savoir ce que Voisin A a déjà vu et déjà fait à Marseille.
Il/Elle lui pose des questions sur la suite du programme.

* **accompagner qn** jdn begleiten

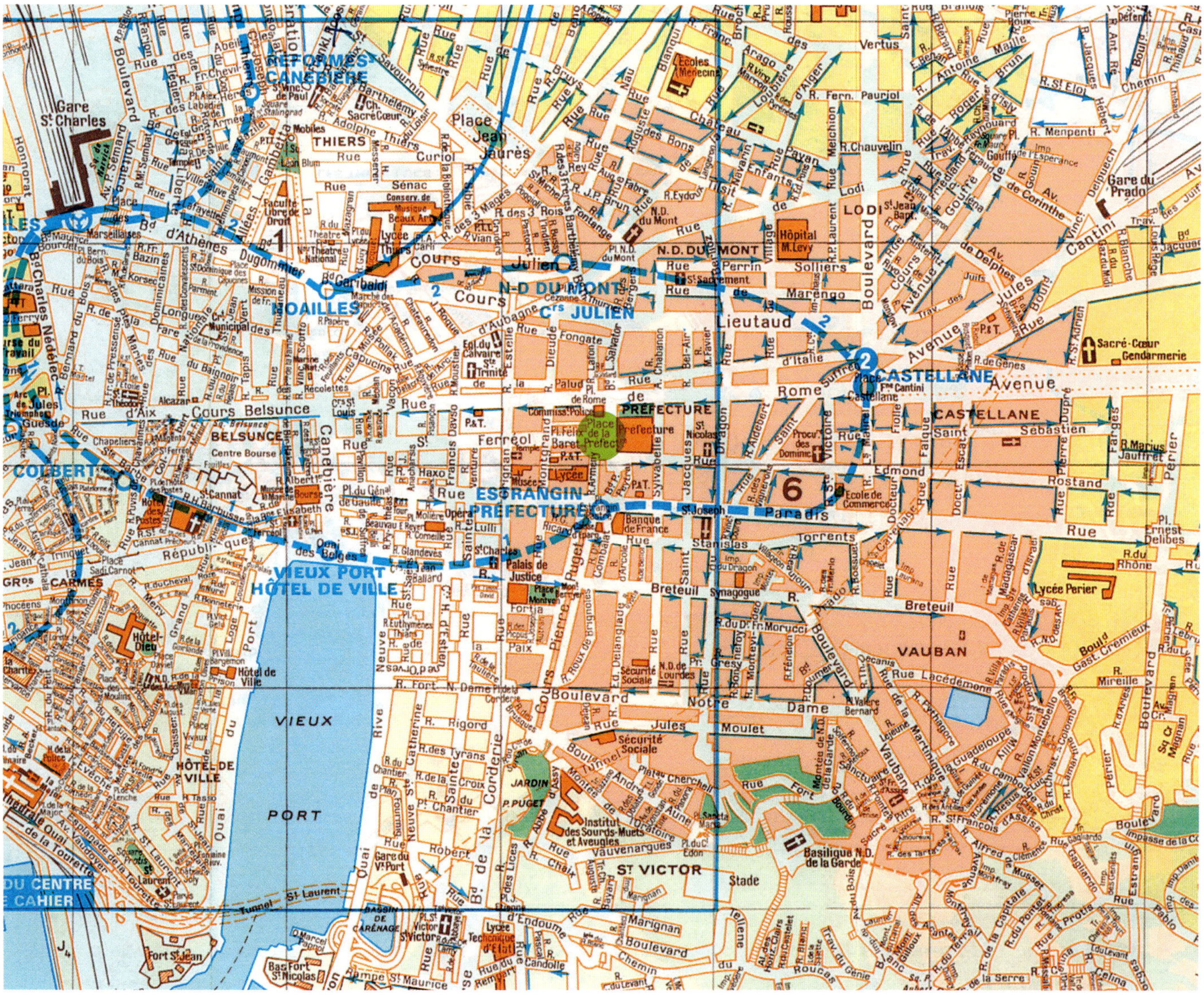

● Vous êtes ici.

(Pardon,) ___ , s'il vous/te plaît?
Pour aller ___ ?
Le/la ___ , c'est loin (d'ici)? ___

tourner à (droite/gauche) aller tout droit
continuer jusqu'à ___ traverser ___
prendre ___ ___

Entraînement au monologue

1 *Travaillez comme pour les dialogues mais à tour de rôle: Choisissez l'un des sujets suivants, préparez-le pendant dix minutes et faites un petit exposé d'environ trois minutes.*

2 *Voisin A commence. Pendant ce temps, Voisin B écoute, note les problèmes de Voisin A qu'il remarque mais aussi ses points forts.*

3 *Voisin A et Voisin B changent de rôle.*

4 *À la fin, échangez vos remarques puis travaillez à deux pour reformuler le mieux possible ce que vous pourriez dire sur chaque sujet.*

Sujet 1 Chez moi
Présentez un quartier ou un endroit de votre ville ou de votre région que vous aimez et dites pourquoi.

Sujet 2 Projets de vacances
De quelles vacances est-ce que vous rêvez? Dites où vous aimeriez aller et pour quelle raison. Dites aussi quelle est pour vous la meilleure manière de passer vos vacances (en famille, en groupe, ... activités ...) et justifiez votre choix.

Sujet 3 À partir d'une photo
Décrivez cette photo et présentez la situation qu'elle évoque. Dites ce que vous savez sur cet endroit.
Imaginez qui sont les personnages, d'où ils viennent et ce qu'ils vont faire ensuite.

Exercices auditifs

Dossier 1/1

DELF **4** **a** *Quelle phrase va avec quel dessin? Écoute et note les numéros.*

b *Écoute les phrases une deuxième fois et coche la bonne case.*

	souhait	demande	proposition	conseil	supposition
phrase 1					
phrase 2					
phrase 3					
phrase 4					
phrase 5					
phrase 6					
phrase 7					
phrase 8					

Dossier 2/3

DELF **9** *Hélène, 15 ans, vient de rentrer d'Allemagne où elle était partie du 15 mai au 5 août dans le cadre du programme Brigitte Sauzay. Sa copine, curieuse de savoir comment son séjour s'est passé, lui pose des questions. Écoute le texte et prends des notes. Qu'est-ce qu'Hélène raconte sur:*

1. sa famille d'accueil?
2. le collège?
3. les expériences qu'elle a faites?

famille	collège	expériences

DELF **5** *Amandine explique à sa mère où elle a rangé ses affaires. De quoi est-ce qu'elle parle? Note les objets du numéro 1 à 8 dans l'ordre d'énumération sur le dessin.*

DELF **9** **a** *Qu'est-ce qui compte le plus dans une chanson, les paroles ou la musique? Écoute ce que des jeunes ont répondu et complète le tableau.*

	les paroles	la musique	les deux
Tina	______	______	______
Max	______	______	______
Camille	______	______	______
Anna	______	______	______
Colin	______	______	______
Léo	______	______	______
Maïssa	______	______	______

b *Et pour toi, qu'est-ce qui compte le plus dans une chanson? Justifie ta réponse.*

____

____

____

Dossier 4/3

DELF **4** **a** *Écoute le dialogue et coche les bonnes réponses.*

1. Morgane a passé ses vacances au Maroc
- ☐ avec ses parents.
- ☐ avec sa mère et sa tante.
- ☐ seule avec sa mère.

2.
- ☐ Le temps a été magnifique.
- ☐ Il a plu pendant dix jours.
- ☐ Il n'a pas plu mais le vent était trop fort.

3. Morgane a beaucoup aimé la médina,
- ☐ mais elle a préféré les jardins de la Ménara.
- ☐ mais elle s'y est souvent perdue.
- ☐ mais elle a dû souvent y chercher la personne qui était avec elle.

4. Sur la place Djemaa-el-Fna,
- ☐ il y a beaucoup de touristes.
- ☐ il y a peu de touristes.
- ☐ il n'y a que des Marocains.

5. Morgane a beaucoup aimé le bord de la mer
- ☐ bien qu'il y ait beaucoup de touristes.
- ☐ parce qu'il y avait beaucoup de touristes.

b *Écoute encore une fois et note les fractions.*

______________________ du séjour

______________________ du temps

______________________ des gens

______________________ des après-midi

Il a fait beau ______________________ .

______________________ des gens

______________________ du temps

______________________ de plages au sable doré

Dossier 1 (Bilan autocorrectif, S. 22)

1

1. Rien n'est sûr.
2. Personne n'est venu.
3. Je n'ai reçu aucun SMS.
4. Rien ne lui plaît.
5. Personne ne sait où il habite.
6. Ce chanteur n'a aucun talent.

Wenn du Probleme hattest:
→ Lies die Repères auf S. 25/6, 7 noch einmal durch.
→ Wiederhole folgende Übungen:
Livre, S. 13/6, S. 29/10;
Carnet, S. 8/5.

2

a
1. Tu devrais lui demander son avis.
2. On pourrait inviter Charlotte et Chloé.
3. Est-ce que vous pourriez répéter, s'il vous plaît?
4. Sans leur ordinateur, ils seraient drôlement malheureux.
5. À ta place, je ne me ferais aucun souci.

→ Die Bildung und den Gebrauch des „conditionnel présent" kannst du auf S. 24/2, 3 nachlesen.
→ Vergiss nicht, die Verbformen regelmäßig zu üben.
→ Du kannst mit folgenden Übungen trainieren:
Livre, S. 12/2, 3, 4, S. 13/5;
Carnet, S. 7/2, S. 8/3, 4.

b
1. Sans toi, j'aurais eu une mauvaise note.
2. Elles auraient pu s'excuser.
3. Qu'est-ce que vous auriez fait à ma place?
4. Tu aurais dû me dire la vérité.
5. Sans sa tutrice, il aurait eu des difficultés.
6. J'aurais aimé aller au cinéma avec toi.

→ Lies die Repères auf S. 25/4 noch einmal durch.
→ Übe regelmäßig die Verbformen.
→ Du kannst folgende Übungen wiederholen:
Livre, S. 19/4.

3

a
1. Si nous avions le temps, nous ferions un grand voyage.
2. Elle ne serait pas contente si elle savait ça.
3. S'il habitait moins loin, elle le verrait plus souvent.
4. J'irais à la fête de Clara si je n'étais pas malade.

b
1. Si nous avions eu le temps, nous aurions fait un grand voyage.
2. Elle n'aurait pas été contente si elle avait su ça.
3. S'il avait habité moins loin, elle l'aurait vu plus souvent.
4. Je serais allé/e à la fête de Clara si je n'avais pas été pas malade.

→ In den Repères auf S. 25/5 kannst du nachlesen, wie Bedingungssätze gebildet werden.
→ Übe mit Hilfe folgender Übungen:
Livre, S. 16/3, 4, S. 17/5, 8, S. 19/5, S. 20/6, S. 28/7, 9;
Carnet, S. 11/2, 3, S. 12/4, 5, S. 15/4, 5.

4

s'ennuyer – le/la perdant/e – jaloux/jalouse – éliminer qn – la danse – la solidarité – dépendant/e

→ Vergiss nicht, die Vokabeln regelmäßig zu wiederholen. Hierfür kannst du die Wortliste benutzen. Sinnvoll ist es aber auch, schon behandelte Texte noch einmal durchzulesen.
→ Du kannst auch eine Vokabelkartei anlegen.
→ Du kannst auch mit Vokabelnetzen arbeiten.
→ Den Wortschatz kannst du in dem Dossier in folgenden Übungen trainieren:
Livre, S. 13/7, S. 17/6, S. 19/3, S. 23/4, 5, S. 26/2, S. 27/3;
Carnet, S. 9/6, S. 12/6, S. 14/1c, S. 15/3, S. 18/1, 2.

5 – Ah, si seulement Anna m'appelait!
– À ta place, j'oublierais cette fille.
– Non! Sans elle, je serais trop malheureux!
– N'importe quoi! Tu devrais t'intéresser à une autre fille. Tu pourrais par exemple sortir avec ma sœur.

→ Lies die Repères auf S. 24/1 noch einmal durch und übe, indem du immer eine Spalte abdeckst.
→ Lies die Texte des Dossier aufmerksam durch und suche nach den in den Lösungen angegebenen Redewendungen.
→ Du kannst die Redewendungen aufschreiben, um die Rechtschreibung zu trainieren.

Dossier 2 (Bilan autocorrectif, S. 39)

1
1. l'artisan
2. l'intrigue
3. l'escalier
4. le pouvoir
5. prospérer
6. ouvert

→ Wiederhole regelmäßig den Wortschatz.
→ Du weißt auch, dass du Vokabeln besser behalten kannst, wenn du sie in Sachgruppen ordnest bzw. als Gegensatzpaare oder Synonyme (gleichbedeutende Wörter) zusammen lernst.
→ Wörter in Wortfamilien zusammenzufassen, erleichtert dir ebenfalls das Behalten des Wortschatzes.
→ Folgende Übungen kannst du wiederholen:
Livre, S. 33/2, S. 40/3, S. 44/4, S. 45/7, 8;
Carnet, S. 24/2, S. 25/2, S. 28/2, S. 30/5, S. 32/2, S. 33/3, S. 36/1, 37/3.

2 Grâce à, malgré, à cause d', c'est pourquoi

→ Wiederhole mit Hilfe der Repères auf S. 49/1.

3 **a** je crains je corresponds j'envahis je survis je traduis
tu crains tu corresponds tu envahis tu survis tu traduis
on craint on correspond on envahit on survit on traduit
nous craignons nous correspondons nous envahissons nous survivons nous traduisons
vous craignez vous correspondez vous envahissez vous survivez vous traduisez
ils craignent ils correspondent ils envahissent ils survivent ils traduisent
j'ai craint j'ai correspondu j'ai envahi j'ai survécu j'ai traduit

b se plaindre, répondre, choisir, vivre, construire

→ Die Verbkonjugationen kannst du mit Hilfe der Rubrik Les verbes im Anhang deines Schülerbuches wiederholen (S. 102).
→ Übe regelmäßig und schriftlich, am besten mit deiner Verbkartei.
→ Folgende Übungen kannst du noch einmal machen:
Carnet, S. 26/3, 30/6, S, 37/4, S. 38/5.

4 **a**
1. On espère que nos parents vont accepter / accepteront de nous laisser sortir samedi.
2. Quel dommage que ta copine ne comprenne pas tes problèmes.
3. Sophie ne sait pas que ses parents savent la vérité.
4. Mes parents trouvent normal que nous n'ayons pas d'argent de poche.
5. Il est inutile que nous continuions à discuter de ce thème, ça ne sert à rien.
6. Nous regrettons que tu ne veuilles plus participer au projet.

→ Den Gebrauch des „subjonctif" kannst du in den Repères auf S. 49/2 nachschlagen.
→ Trainiere mit Hilfe folgender Übungen:
Livre, S. 35/2, S. 36/3, S. 41/7, S. 52/5;
Carnet, S. 26/4, 5, S. 27/6, S. 31/7.

5
1. différemment
2. absolument
3. énormément
4. constamment
5. couramment

→ Die Bildung und den Gebrauch der unregelmäßigen Adverbien kannst du in den Repères auf S. 49/3 nachlesen.
→ Trainieren kannst du mit folgenden Übungen:
Livre, S. 43/3, S. 44/4, 5, S. 52/4;
Carnet, S. 33/4, S. 34/5.

6
1. J'ai enfin lu le livre dont tu m'avais parlé.
2. Est-ce que tu as vu le film dont tout le monde parle?
3. Anne va aller au ciné avec le garçon dont elle est tombée amoureuse.
4. Ma grand-mère ne veut pas m'offrir la veste dont je rêve.

→ Lies die Repères auf S. 50/6 noch einmal durch.
→ Folgende Übungen helfen dir:
Livre, S. 44/6, S. 52/3;
Carnet, S. 34/6, 7, S. 35/8.

7
1. À laquelle
2. Duquel
3. Lesquelles
4. Auxquels

→ Die Formen von „lequel" findest du in den Repères auf S. 50/4, 5.
→ Wiederhole folgende Übungen:
Livre, S. 40/4, S. 41/5, 6, S. 51/2 ;
Carnet, S. 28/3, S. 29/4.

8
dans laquelle, avec lesquels, auxquelles, pendant laquelle

9
1. Je ne connais l'Allemagne que par les récits de mon prof d'allemand.
   Ich kenne Deutschland nur aus den Erzählungen meines Deutschlehrers.
2. Nous sommes allés à Berlin, mais nous n'y sommes restés que trois jours.
   Wir sind nach Berlin gefahren, aber dort nur drei Tage geblieben.
3. Les collégiens sont partis chez leurs correspondants et ils ne rentreront que mardi.
   Die Schüler sind zu ihren Brieffreunden gefahren und kommen erst am Dienstag zurück.
4. Je n'ai rien acheté parce que je n'avais plus que cinq euros sur moi.
   Ich habe nichts gekauft, weil ich nur fünf Euro dabei hatte.

→ Lies die Repères auf S. 50/7 noch einmal durch.
→ Folgende Übungen kannst du wiederholen:
Livre, S. 36/4;
Carnet, S. 27/7.

Dossier 3 (Bilan autocorrectif, S. 56)

1
1. architecte
2. phare
3. pittoresques
4. animé
5. paradis
6. sous-marine
7. réserver

→ Vergiss nicht, den Wortschatz zu wiederholen.
→ Mit folgenden Übungen kannst du trainieren:
Livre, S. 60/3, S. 63/2, S. 70/2;
Carnet, S. 42/2,3, S. 43/2, S. 47/2, S. 53/6.

2 1. Nous avons beaucoup parlé.
2. Ce sont les enfants qui ont fait cela.
3. Ma mère en a assez de mon désordre.
4. Pourquoi est-ce que tu ne m'as pas dit la vérité?

→ Wiederhole folgende Übungen:
Livre, S. 64/3;
Carnet, S. 48/4, S. 49/5.

3 1. vu
2. offert/mises
3. rencontrée
4. préférées
5. achetés
6. fait

→ Lies die Repères auf S. 68/2 noch einmal durch.
→ Übe mit folgenden Übungen:
Livre, S. 66/3, 67/4, 5, 6, S. 71/5;
Carnet, S. 51/2, S. 52/3, 4.

4 1. qu'elle avait commencé sa carrière à Saint-Memmie Olympique.
2. qu'elle avait joué en Amérique chez les Philadelphia Chargers, mais que depuis l'automne 2003, elle rejouait en France.
3. que son équipe allait jouer à Blackburn et qu'elle devait absolument gagner contre les Anglaises car c'était la qualification pour la Coupe du Monde.
4. que la Coupe du Monde Féminine aurait lieu en Chine.
5. qu'elle pensait arrêter sa carrière après la Coupe du Monde.

→ Lies die Repères auf S. 69/3.
→ Trainiere die indirekte Rede mit Hilfe folgender Übungen:
Livre, S. 60/5, S. 61/6, 7, S. 70/3, S. 72/6;
Carnet, S. 44/4, S. 45/5, 6.

5 1. Pourquoi est-ce que tu ne me laisses jamais parler?
2. Mes parents font venir leur vin de Provence.
3. Est-ce que tes parents te laissent sortir le soir?
4. Le prof de sport nous a fait courir comme des fous.

→ Den Gebrauch von „laisser faire" und „faire faire" kannst du in den Repères auf S. 69/4 nachlesen.
→ Wiederhole folgende Übungen:
Livre, S. 61/8, 9;
Carnet, S. 44/3.

Dossier 4 (Bilan autocorrectif, p. 70)

1 Capitale, Superficie, Population, Statut, officielle, parlées, berbère, religions, chrétienne, juive, Indépendance, Monnaie, Domaine

→ Lerne die Vokabeln regelmäßig. Lies die Texte des Dossiers noch einmal durch.
→ Mit folgenden Übungen kannst du den Wortschatz üben:
Livre, S. 81/7, 8, S. 83/5, S. 87/6, S. 90/3, 4;
Carnet, S. 58/2, S. 59/2, S. 63/3, S. 66/1.

2 1. Un quart des Marocaines travaille.
2. Huit femmes sur dix sont femmes au foyer.
3. La plupart des touristes essaient de marchander les prix.
4. Deux tiers des Marocains sont très jeunes.
5. Quarante pour cent ont moins de vingt ans.
6. Les trois quarts des marchands vendent des tapis ou des tissus.

→ Lies die Repères auf S. 88/1 noch einmal durch.
→ Trainieren kannst du mit folgenden Übungen:
Livre, S. 86/2, 3;
Carnet, S. 67/5.